体育与健康

（拓展模块）

主　编　胡凌燕　陈建勤

编　委（排名不分先后）

　　　　韩国太　李大伟　王洪兴

　　　　赵　欣　肖　楠　楼向宁

　　　　李鹏航　陈君生　李京兰

　　　　冯丽敏　邱筱玲　高　磊

　　　　李　超　张春伶

主　审　罗希尧

北京理工大学出版社
BEIJING INSTITUTE OF TECHNOLOGY PRESS

内 容 提 要

　　本书按照2020年最新发布的《中等职业学校体育与健康课程标准》的要求，以促进中等职业的学生身心发展为主要目标，"坚持'健康第一'的指导思想，通过学习体育与健康的基本知识、运动技战术与技能、科学锻炼身体的方法，提高学生的体能和体育实践能力，培养运动爱好和专长，养成终身体育锻炼的习惯，使学生具有健康的人格、强健的体魄，为学生身心健康和职业生涯发展奠定坚实的基础"。内容包括田径、篮球、排球、足球、乒乓球、羽毛球、网球、技巧、健美操、游泳、冰雪运动、武术、新兴运动（腰旗橄榄球、飞盘、啦啦操、花样跳绳）等内容。

　　本书可作为中等职业学校"体育与健康"课程的教学用书，也可为其他相关人员提供参考。

图书在版编目（CIP）数据

体育与健康：拓展模块 / 胡凌燕，陈建勤主编.—北京：北京理工大学出版社，2020.6
ISBN 978-7-5682-8322-9

Ⅰ.①体…　Ⅱ.①胡…　②陈…　Ⅲ.①体育－中等专业学校－教材 ②健康教育－中等专业学校－教材　Ⅳ.①G634.961

中国版本图书馆CIP数据核字（2020）第051099号

出版发行 / 北京理工大学出版社有限责任公司
社　　址 / 北京市海淀区中关村南大街5号
邮　　编 / 100081
电　　话 /（010）68914775（总编室）
　　　　　（010）82562903（教材售后服务热线）
　　　　　（010）68948351（其他图书服务热线）
网　　址 / http://www.bitpress.com.cn
经　　销 / 全国各地新华书店
印　　刷 / 定州市新华印刷有限公司
开　　本 / 787毫米×1092毫米　1/16
印　　张 / 15　　　　　　　　　　　　　　　责任编辑 / 张荣君
字　　数 / 281千字　　　　　　　　　　　　文案编辑 / 张荣君
版　　次 / 2020年6月第1版　2020年6月第1次印刷　责任校对 / 周瑞红
定　　价 / 42.00元　　　　　　　　　　　　责任印制 / 边心超

《体育与健康（基础模块）》《体育与健康（拓展模块）》是按照 2020 年最新颁布的《中等职业学校体育与健康课程标准》（以下简称《课程标准》）的要求，以促进中等职业的学生身心发展为主要目标，"坚持'健康第一'的指导思想，通过学习体育与健康的基本知识、运动技战术与技能、科学锻炼身体的方法，提高学生的体能和体育实践能力，培养运动爱好和专长，养成终身体育锻炼的习惯，使学生具有健康的人格、强健的体魄，为学生身心健康和职业生涯发展奠定坚实的基础"。

本教材编写改变了以往过于概念化的叙述形式，给学生留出思考和探究的空间，引导学生通过观察和实践，自己去发现问题和解决问题，获得知识和结论，学会学习和锻炼。内容的表述适合中职学生的心理特点，既科学严谨，又生动活泼，有利于学生阅读和思考。版式设计美观，图文并茂，栏目设置生动活泼，符合学生的认知规律，有利于激发学生阅读体育与健康教材的兴趣，有利于学生自主学习。

教学条件要求：按照《课程标准》的要求，特别是实践课程的场地、器材需要，配置必要的运动场（或体育馆）、体育器材，以保证课程的实施。

本教材依据《课程标准》确定的课程结构，在总课时不低于 144 学时的情况下，分为基础模块和拓展模块，基础模块包括健康教育、体能和职业体能三部分，拓展模块包括田径、篮球、排球、足球、乒乓球、羽毛球、网球、技巧、健美操、游泳、冰雪运动、武术、新兴运动（腰旗橄榄球、飞盘、啦啦操、花样跳绳）等内容。

这两本教材都是从中职学生的角度出发，既有学习的知识点，又有体验和参与的方法指导，既考虑到与普通高中学生的学习水平基本保持一致，又照顾到中职学生的特点，各中职学校可以根据自己学校的专业设置，选用其中的相应章节。

本课程教材编写团队成员都是具有多年一线教学、研究经验的教师，其中担任本书主编的胡凌燕是北京特级教师，具有正高级职称；其余二位主编韩国太和陈建勤也都是北京市特级教师，参与编写以及提供素材的人员详细情况如下：

参加《体育健康（基础模块）》编写的人员：胡凌燕、韩国太、杨晶、董龙伟、李大伟、王洪兴、张建、王世兵、潘娣、陈建勤。

参加《体育健康（拓展模块）》编写的人员：胡凌燕、陈建勤、韩国太、董龙伟、李大伟、王洪兴、赵欣、肖楠、楼向宁、李鹏航、陈君生、李京兰、冯丽敏、邱筱玲、高磊、李超、张春伶。

参加动作示范演示的人员：聂猛（短跑、跳远、铅球）、何苗（跳高）、韩松（跨栏）、贾琳（游泳）、史俊（足球、技巧）、项雨晴（技巧、健美操）、张伟（足球）、肖港庆（腰旗橄榄球）、刘光东（腰旗橄榄球）、司畔（滑雪）、武林聪（排球）、胡扬威（武术）、仲长鹏（飞盘）、胡超越（腿部肌肉训练及拉伸）、龚哲（肌肉训练及拉伸）。

参加动作示范的学生：张浩（花样跳绳）、刘桐雨（花样跳绳）、王德馨（花样跳绳）、陈时（花球啦啦操）、李明屿（网球）、温浩轩（篮球）、马泽雯（乒乓球）、金宇萌（排球）、张可欣（羽毛球）。

提供教学案例的人员：胡超越（久坐型案例）、智娟（久站型案例）、龚哲（久坐型案例）、刘秋实（经久高度注意力型案例）、孙静（经久高度注意力型案例）。

提供技术支持的人员：杨军（摄影）、卢凤启（摄像）、张硕（摄像）。

担任本书主审的是北京教育学院罗希尧教授，其在教材架构搭建、内容审核中提出了大量建设性意见，在此对上述人员表示感谢。

最后，衷心地祝愿同学们能够与健康一路同行！

编　者

Contents
目录

目　录

第一章 田 径

国际田联章程将田径运动定义为：田径运动是由田赛、径赛、公路赛、竞走和越野赛组成的运动项目。田赛是指在跑道所围绕的中央或临近的场地上进行的以高度和远度计算成绩的跳跃和投掷项目。径赛是指在跑道上进行的以时间计算成绩的短跑、中长跑、跨栏跑、障碍跑、接力跑、定时跑以及竞走等不同距离、不同形式的项目。

第一节 田径运动概述

一、田径运动的起源与发展

田径运动起源于人类的生活和生产劳动。人类有史可查的最早的一次田径比赛，是在公元前 776 年于希腊奥林匹克村举行的第 1 届古代奥林匹克运动会。当时的比赛只有短跑一项。在第 14 届古代奥林匹克运动会上又增加了长跑（约为 4.6 公里），之后又逐渐增加了跳远、掷铁饼和掷标枪等项目，这是有组织的田径运动的开始。因此，人们总是把田径运动发展的历史追溯到古代奥林匹克运动会。1896 年，在希腊举行了第 1 届现代奥林匹克运动会，田径运动被列为比赛项目。至今，田径运动仍然是历届奥林匹克运动会（以下简称奥运会）比赛项目最多、设立奖牌最多的项目。

奥运会设有 100 米、200 米、400 米、800 米、1 500 米、5 000 米、10 000 米、马拉松、3 000 米障碍赛、100 米栏（女子）、110 米栏（男子）、400 米栏、20 公里竞走、50 公

里竞走（男子）、马拉松、4×100 米接力、4×400 米接力、跳高、跳远、三级跳远、撑竿跳高、铅球、铁饼、标枪、链球男子十项全能、女子七项全能等田径项目。

　　我国运动健儿在国际大赛的田径项目上曾取得骄人的成绩。郑凤荣于 1957 年 11 月，以 1.77 米的优异成绩成为我国第一个打破世界纪录的选手；纪政于 1969—1970 年共破、平女子 100 码、220 码、200 米、100 米栏五项世界纪录；徐永久于 1983 年 9 月，在挪威举行的世界杯竞走比赛中获得 10 公里竞走冠军，她是中国第一个田径世界冠军；朱建华于 1983 年 6 月—1984 年 6 月，以 2.37 米、2.38 米、2.39 米的成绩 3 次打破男子跳高世界纪录，在第 23 届奥运会上以 2.31 米的高度为我国夺得第一枚田径铜牌。王军霞是于 1994 年第一个获得国际权威田径大赛——杰西·欧文斯奖的中国人，也是目前亚洲获得此殊荣的唯一的田径运动员；刘翔在 2004 年雅典奥运会上夺得中国男选手在奥运会上的第一枚田径金牌。2006 年 7 月，在洛桑田径大奖赛上，他又以 12 秒 88 的成绩打破了当时的世界纪录，次年 8 月，夺得田径世锦赛冠军，这也是中国男选手在世锦赛上获得的第一个世界冠军。

二、田径运动的价值

（一）健身价值

　　走、跑的项目可以增强心血管、呼吸系统和其他系统的工作能力，能提高人体的最大摄氧量，同时还有助于提高中枢神经系统的调节能力，使兴奋和抑制的转换更加灵活；是有效地发展速度、速度耐力、耐力、力量等身体素质，提高心肺功能以及无氧和有氧代谢水平的重要手段。

　　跳跃是人体在短时间内高强度神经活动和肌肉用力克服障碍的运动，能提高身体控制和集中用力能力，是发展弹跳力、力量、速度以及协调性、灵敏性的有效手段。

　　投掷项目是表现人体力量的运动，能使人体肌肉发达，力量增强，改善人体灵活性。通过练习能有效地发展臂部、肩带、躯干和腿部等肌肉力量。

（二）教育价值

　　田径运动要有克服困难、正视挑战去实现自己目标的勇气，能培养人的勇敢顽强、必胜的信心、拼搏进取的意志品质。

　　田径运动需有应变能力、自我情绪调控和抗干扰的能力。它有助于个性的形成，有利于心理素质的培养和提高。

　　田径运动相对比较枯燥，运动量大。从事这项运动能培养吃苦耐劳、坚忍不拔的精神。

三、田径运动的比赛规则

（一）径赛比赛规则

（1）径赛项目分道跑项目如 100 米、200 米、400 米、100 米栏（女子）、110 米栏（男子）、400 米栏和 4×100 米接力。4×400 米接力跑的第一棒起跑时必须使用起跑器，采用蹲踞式起跑。采用"各就位""预备"和鸣枪 3 个发令信号。起跑时犯规 1 次即取消比赛资格（在全能比赛中，对第一次起跑犯规的一人或多人进行警告，第二次一人或多人犯规，将被取消比赛资格）。

（2）800 米分道跑项目和其他中长跑及障碍跑项目采用站立式起跑，只用"各就位"一个口令，然后鸣枪。在正式比赛中，800 米跑出发时采用分道跑，当运动员进入第一个弯道末端的抢道线之后即可切入里道。

（3）到达终点的名次顺序以运动员躯干（不包括头、颈、臂、手、腿、脚）的任何部分触及终点线内沿垂直面的先后为准，以时间计取成绩。

（4）在跨栏跑比赛中运动员应跨越每一个栏架，如果没有做到将被取消比赛资格。

（5）过栏瞬间，运动员的脚或腿低于栏顶水平面或在栏架两侧外（任意一边）低于栏顶水平面，则判犯规。

（6）在 4×100 米接力赛中，运动员必须在 30 米的交接棒区域里完成交接棒。完成交接棒后，运动员必须留在本队的跑道中直到各队交接棒全部完成，否则会被取消比赛资格。如果运动员在接力比赛中掉棒，只有他本人能将棒重新捡起。运动员可以离开自己的跑道捡棒，但不能妨碍其他运动员的比赛。

（二）田赛比赛规则

（1）跳高运动员可以在裁判员事先宣布的横杆升高计划中的任何一个高度开始试跳，也可在以后任何一个高度上根据自己的意愿决定是否试跳。只要运动员连续 3 次试跳失败，就失去继续比赛的资格。

（2）跳高运动员必须用单脚起跳。

（3）跳高项目每轮次之后，横杆升高不得少于 2 厘米。

（4）在跳远起跳过程中，无论是助跑后未起跳还是仅做跳跃动作，运动员的身体任何部位触及起跳线以前的地面皆为犯规。

（5）在跳远比赛中，当运动员离开落地区时，其脚在落地区边线或边线外地面的第一触地点，应比在沙坑内的最近触地点离起跳线更远。

（6）跳远比赛测量成绩时，应从运动员身体任何部位（任何附着于身体上的物品），在落地区内的最近触地点量至起跳线或起跳线的延长线。

（7）铅球只能用单手从肩部将铅球推出，不能将铅球置于肩轴线后方。

（8）铅球比赛丈量成绩时，应从铅球落地痕迹的最近点取直线量至投掷圈内沿，测量线应通过投掷圈的圆心。

第二节 径 赛

走、跑是人体的基本活动之一，又是一种简单可行的运动方式。在人们日常的生活、学习和体育锻炼中都离不开走、跑。

在公园、健身会所、操场等到处能见到走步、跑步健身的人群，在我国每年有近 500 场的半程、全程马拉松比赛在各城市举行，每场比赛都吸引全国各地上万名跑步爱好者参加，跑步已然成为一种健身时尚。

作为一名普通中职学生，你是否也想加入跑步健身的行列当中呢？有的学生可能在思考，通过怎样的学练，可以使自己所跑的成绩有所突破，跑得更快更远呢？下面一起走进径赛课堂。

一、健步走

走是人与生俱来的本能，是人体基本活动能力，是人们最熟悉、最常用的活动方式，也是一种重要的健身手段，同时还是很多职业工作所必备的能力，如导游、地质勘探。环卫工、保安、餐厅服务等职业工作都需要长时间或长距离的行走。

田径运动竞技属性中走主要指竞走，本节主要介绍其健身属性中的健步走。

健步走是一项以促进身心健康为目的、注重姿势、速度和时间的步行运动，行走的速度和运动量介于散步和竞走之间。其突出的特点是：方法易于掌握，不易发生运动伤害；不受年龄、时间和场地的限制，不同年龄人群可根据自己的实际情况随时随地进行锻炼；运动装备简单，只需一双适合脚的运动鞋；在良好自然环境中结伴健步走，不仅能锻炼身体，还能欣赏自然美景，促进人际交流，陶冶身心。

健步走速度的快慢是决定锻炼效果的关键因素，通常可分为慢速走（每分钟 70 ~ 90 步）、中速走（每分钟 90 ~ 120 步）、快速走（每分钟 120 ~ 140 步）、急速快走（每分钟 140 步以上）。

知识窗：

因步行对人类健康有诸多好处，国际大众健身体育协会（TAFISA）于1992年6月7日在里约热内卢召开的全球峰会上，启动了"世界步行日"活动，时间定为每年的9月29日。活动推广至今已有20多年历史，覆盖全球100多个国家和地区，每年有数亿人参与其中。世界步行日活动的开展为提高身体素质、沟通人际关系、倡导低碳生活和促进社会和谐等做出了贡献。

（一）动作要领

健步走（图1-1）时，躯干正直，自然挺胸，头部与躯干保持一致，目视前方，两臂靠近体侧，前后自然摆动，迈步时，膝关节和脚尖都正对前方，两脚内侧基本沿一条直线向前迈步，脚跟先着地，并滚动到前脚掌，前脚掌着地后脚尖向前略偏位，然后脚趾发力蹬离地面。

图1-1 健步走

（二）方式

健步走的方式主要有足尖走、足跟走、弓箭步走、半蹲走、全蹲走、脚内侧走、脚外侧走、倒走、负重走、快走、散步等。

（三）学练方法

（1）自然走（慢速走）10分钟（每分钟70～90步），接着快走（每分钟12步左右）30～45分钟，然后自然走10分钟。

（2）自然走10分钟，接着快走20分钟，再自然走5分钟，再快走20分钟，再自然走5分钟。

（3）健步走每周5～7次，必须循序渐进，常年坚持。饭后30～60分钟再开始运动。

（4）锻炼之前做好准备活动，如活动各关节等；锻炼后，也要做放松整理活动，如做几次深呼吸、伸展、按摩、拍打等动作，适当补充水分。

知识拓展：

有关研究表明，成年人每天步行30分钟，可以增加热量消耗30%，每天步行1公里，每月减少约0.3千克的脂肪，步行对于需要减肥和强身的人们非常有用。每天快走30分钟，可以预防中风，对预防糖尿病、心脏病、骨质疏松以及某些癌症，都有良好的效果。快走对增强心血管系统的活力、提高呼吸肌功能、减低血液中的胆固醇含量、避免高血压的发生有良好的作用。

二、短跑

田径被誉为"运动之母"，代表人类最基本的身体素质。跑、跳、投升华出"更快、更高、更强"的奥林匹克精神。其中，彰显速度魅力的百米角逐，是田径运动皇冠上的明珠。人们习惯把不断刷新的 100 米世界纪录，当作人类身体素质不断提升的标杆。百米极限究竟是多少？人类凭借自己的能力能否再突破牙买加运动员尤塞恩·博尔特 9″58′ 的世界纪录？世人期待着不断有"天才"运动员来解开这未知的谜底。

（一）动作要领

短跑技术主要分为起跑、起跑后的加速跑、途中跑和终点跑。

1. 蹲踞式起跑

蹲踞式起跑："各就位""预备""鸣枪起跑"（图 1-2 ～图 1-4）。

各就位：两手紧贴起跑线，身体自然放松，两脚踏上起跑器，目视前下方。

预备：臀部抬起略高于肩，重心前移，肩部略超起跑线。

鸣枪起跑：快速启动，积极蹬摆，上体前倾。

图 1-2 各就位

图 1-3 预备

图 1-4 鸣枪起跑

2. 途中跑

途中跑：前后摆臂，高重心，髋、膝、踝三关节充分蹬伸，摆动腿高抬（图 1-5）。

3. 终点冲刺跑

躯干加速前倾，用胸或肩部领先冲过终点线（图 1-6）。

图1-5 途中跑

图1-6 终点冲刺

拓展阅读

　　苏炳添是我国优秀短跑运动员，在2018年，一共参加了四场世界室内巡回赛男子60米赛事。在柏林站他初战告捷，接着在系列的卡尔斯鲁厄站、杜塞尔多夫站和格拉斯哥站上，苏炳添不仅连夺三冠，更是先后以6秒47和6秒两破该项目亚洲纪录。其成为第一位在世界大赛中赢得男子短跑金牌的中国运动员，也创造了亚洲选手在这个项目中的最好成绩。

知识窗：

　　4×100米比赛项目一般情况下第一棒应选择起跑好并善于跑弯道的队员；第二棒应是传接棒技术熟练而且速度耐力较好的队员；第三棒除应具备第二棒的长处外，还要善于跑弯道；第四棒通常是短跑成绩最好、冲刺能力最强的队员。

拓展阅读 **现代短跑技术发展趋势**

　　创造新的男子100米9″58′世界纪录的牙买加运动员尤塞恩·博尔特是世界上第一个能够用41步跑完100米全程的运动员，他身高1.96米，下肢较长，其途中跑动作优美伸展，自然流畅，蹬摆结合，一气呵成，这是世界优秀短跑运动员技术的精品之作。现代短跑技术主要表现在以下几个方面：

　　（1）跑的动作灵活协调，爆发力强，摆动腿向前摆动的幅度大。

　　（2）脚掌的落地支撑高，弹性好，跑得灵巧轻快，向前的效果好。

　　（3）跑的步幅大，跑的步数少，身体重心稳定，变化小。

（4）提高高速奔跑中的放松协调能力，以保持和提高步频，突出跑得放松和高强度跑二者的紧密结合，学会体力与速度的合理分配。

（5）突出个人特点，扬长避短，充分利用个人特点，选择适合自己的技术，结合短跑项目的特点，发挥自己的长处。

（二）学练方法

1. 提高反应速度的练习（图 1-7 ~ 图 1-10）

（1）听信号快速启动追逐跑。

（2）与同伴合作，采用各种姿势的突发信号的起跑练习。

图 1-7　俯卧撑听信号起跑

图 1-8　听信号快速转身跑

图 1-9　蹲姿听信号起跑

图 1-10　听信号快速启动追逐跑

2. 提高步频的练习（图 1-11、图 1-12）

图 1-11　高抬腿

图 1-12　小步跑

3. 提高步幅的练习（图1-13、图1-14）

图1-13 弓箭步跳

图1-14 俯撑登山跑

4. 提高途中跑的练习

（1）30～50米加速跑。

（2）80～120米的弯道跑。

（3）与同伴进行30～50米让距跑、对抗赛。

三、中长跑

中长跑运动对提高人体的心血管系统功能有非常大的帮助，对学生意志品质的培养也具有积极的意义。如果持久地进行中长跑锻炼，可以有效地改善形体，减肥效果也不错。

知识窗：

为纪念在古希腊马拉松战役中一名为传递胜利捷报而牺牲的战士，1896年在第1届现代奥运会上设立了"马拉松"赛跑项目。1924年，伦敦奥运会将马拉松赛跑距离定位42.195公里。

（一）动作要领

起跑：两脚前后开立，上体前倾，两腿弯曲，重心落于前脚、前脚的异侧臂自然弯曲于体前。

途中跑：高重心，上体稍前倾，支撑腿蹬离地面后迅速前摆，摆动腿前送、高抬适当，步幅略小于短跑（图1-15）。

中长跑的呼吸方法：两步一呼，两步一吸或三步一呼，三步一吸。

图1-15 途中跑

预防岔气的方法

岔气不可怕，预防最重要，在运动中只要做到以下几点，岔气的出现概率就会大大减少：

（1）进行充分的热身活动，即使热身后开跑，然后慢慢加速。

（2）吃饭后最好间隔 1 小时后再去跑步，减少肠胃负担。

（3）跑步时呼吸节奏很重要，适当控制呼吸频率，加强呼吸深度，并且呼吸要与跑步动作配合，两步一吸，两步一呼或三步一吸，三步一呼均可。

（4）当发生岔气时，降低跑步速度，加深呼吸或者停下并按压痛点，一般能有效缓解疼痛。

（5）如果停下休息后，疼痛仍不能缓解，应及时就医。

（二）学练方法

（1）中速匀速持续跑（心率保持在 150 次 / 分左右）；

（2）越野跑（运动时间在 20 ～ 40 分钟或者 3 ～ 5 公里，心率在 140 ～ 160 次 / 分）；

（3）变速跑（弯道慢跑 + 直道快跑；足球场的端线慢跑 + 边线快跑等）；

（4）间歇跑［负荷强度较大，心率在 160 ～ 170 次 / 分，在身体尚未完全恢复的情况下进行下一次练习（心率 110 ～ 130 次 / 分）］；

（5）有氧韵律操（练习时间 20 ～ 40 分钟，心率在 150 ～ 170 次 / 分），作为辅助练习；

（6）跳绳（每组跳绳在 3 分钟以上，心率在 130 ～ 160 次 / 分，可以进行个人的单摇跳绳，也可以进行集体的 8 字、穿梭等跳绳方式），作为辅助练习。

四、跨栏跑

跨栏跑是在一定距离内，连续跨过规定的高度和数量的栏架的一种技术性较强的竞赛项目。它要求在短时间内，在保持快速跑动的情况下，连续跨越栏架，对发展平衡、灵巧、适应力、协调力、速度、力量、柔韧性、节奏感和时空感都有比较明显的作用。

跨栏跑的主要技术包括起跑至第一栏技术、跨栏步技术、栏间跑技术。

拓展阅读

跨栏跑运动项目起源于英国。17 至 18 世纪时，英国一些地区畜牧业相当发达，牧民们经常需跨越畜栏，追赶逃跑的牲畜。节日里，一些喜爱热闹的年轻牧民们还常常举行跳越羊圈的游戏，他们把栅栏搬到平地上，设若干个高矮与羊圈相仿的障碍，看谁能跑在最前面，这就是跨栏跑的雏形。国际比赛男子项目为 110 米栏和 400 米栏；女子项目为 100 米栏和 400 米栏。

（一）动作要领

1. 起跑至第一栏技术

跨栏跑的起跑采用蹲踞式起跑。跑步要有节奏，从起跑到第一个栏加速跑的步数要相对固定。

2. 跨栏步技术

起跨攻栏：摆动腿的大腿屈膝高抬，小腿快速前伸，异侧臂向前，上体前压，起跨腿充分蹬伸（图 1-16、图 1-17）。

图 1-16 大腿屈膝高抬

图 1-17 起跨攻栏

腾空过栏：起跨腿的大腿迅速外展、提膝勾脚快速向前提拉，摆动腿积极下压（图 1-18）。

下栏着地：摆动腿的大腿下压，前脚掌着地，起跨腿提拉至身体正前方（图 1-19）。

图 1-18 腾空过栏

图 1-19 下栏着地

11

3. 栏间跑技术

栏间跑的节奏鲜明，一般有三步、四步和五步栏间跑等形式。下栏的第一步，因为水平速度下降较明显，所以步长有所缩短；栏间跑的节奏是影响跨栏跑成绩的重要因素。以三步为例，一般为一小、二大、三中。其主要任务是发挥跑速，保持节奏，准备攻栏。

（二）学练方法

（1）跨栏专项练习（图1-20～图1-24）。

图1-20 跨栏专项练习1

图1-21 跨栏专项练习2

图1-22 跨栏专项练习3

图1-23 跨栏专项练习4

（a）

（b）

图1-24 跨栏专项练习5

（2）中速跑中跨过3～4个中、低栏，强调摆动腿高抬、下压，起跨腿积极外展、快速提拉。

（3）根据能力选择不同的栏架高度、栏间距进行练习，连续跨过 4 ～ 5 个栏架。

知识窗：

不同组别栏架高度一栏表

类别	成人		少年			
	男子	女子	男子甲组	男子乙组	女子甲组	女子乙组
栏架高度与栏间距	110 米栏（栏高 1.067）400 米栏（栏高 0.914）	110 米栏（栏高 0.84）400 米栏（栏高 0.762）	110 米栏（栏高 1.00）400 米栏（栏高 0.914）	110 米栏（栏高 0.914）400 米栏（栏高 0.84）	100 米栏（栏高 0.84）400 米栏（栏高 0.84）	100 米栏（栏高 0.762）400 米栏（栏高 0.762）

（4）专项体能练习：

①绕髋练习，如图 1-25（1）表示。

②负重跑，如图 1-25（2）表示。

（1） （2）

图 1-25 专项体能练习

第三节 田 赛

　　跳跃与投掷是人体基本的活动能力之一，在生产、生活中随处可见类似的动作。例如，建筑工人用力地把砖块投递给同伴；解放军投掷手榴弹；郊游时勇敢地越过小溪；海边兴奋一跃的精彩留影；排球跳起扣球；等等都渗透着跳、投的动作。通过田赛项目的学练，能使学生的弹跳力、爆发力、力量等越来越强，意志品质更加顽强，具有健、力、美的青春身姿。

一、跳高（背越式跳高）

初中阶段，学生学习了跨越式跳高，随着学生们身体素质及运动能力的提高，在中职阶段将学习更有难度和挑战身心的背越式跳高。

（一）动作要领

助跑与起跳结合技术是背越式跳高技术的关键环节。好的助跑是成功起跳的前提条件，而成功的起跳是好的助跑的结果。只有助跑与起跳的密切配合才是跳高技术的关键。

1. 助跑

助跑包括直线助跑和弧线助跑两段。每段各跑 4 ～ 5 步，节奏鲜明，起跳点距横杆垂直面 70 ～ 100 厘米。

2. 起跳

起跳腿脚跟先着地，迅速过渡到前脚掌，摆动腿快速向上摆起，同时摆臂向上，起跳腿的异侧臂上伸，躯干充分伸展（图 1-26、图 1-27）。

图 1-26　起跳 1

图 1-27　起跳 2

3. 腾空过杆

离地后，身体转动背对横杆，当头和肩越过横杆后，迅速沉肩，两臂置于体侧，髋关节向上挺起，形成"背弓"（图 1-28）。

图 1-28　腾空过杆

知识窗

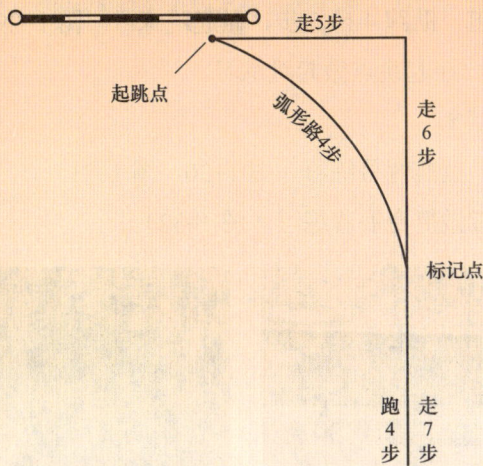

背越式跳高助跑步点确定方法

起跳点

弧形跑4步

走5步

走6步

走7步

标记点

跑4步

4. 落地

过杆后以肩和背部落海绵包缓冲。

知识窗：

跳高运动的历史很短，仅有100多年，到目前为止跳高技术共出现了跨越式、剪式、滚式、俯卧式和背越式5种姿势。

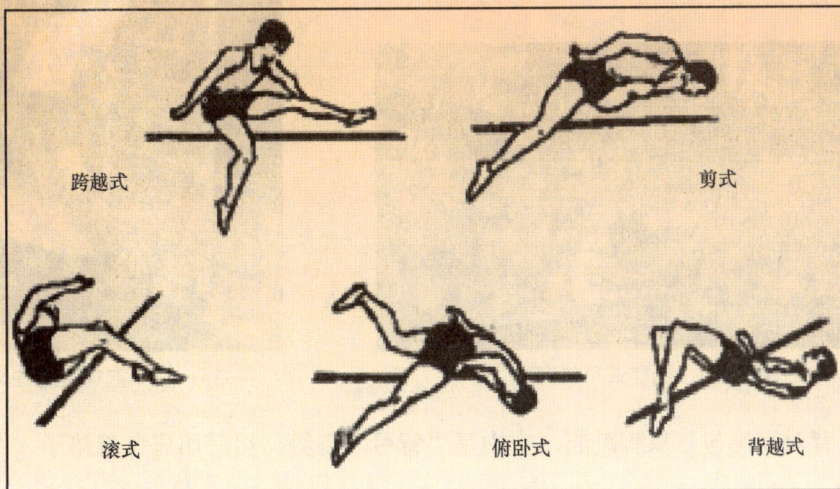

跨越式

剪式

滚式

俯卧式

背越式

（二）学练方法

1. 学习和改进助跑与起跳的结合技术

（1）1～3步助跑，在半径8～10米的圆周上，做连续起跳练习。

（2）利用跑道的弯道，助跑4～5步，做起跳练习（图1-29）。

（3）8～10步助跑，在起跳点做起跳练习。

2. 学习和改进过杆技术

（1）仰卧体操垫上，挺髋背弓练习（图1-30、图1-31）。

（2）背对肋木或双杠做挺身展髋练习（图1-32）。

图1-29 起跳练习

图1-30 仰卧体操垫上

图1-31 挺髋背弓练习

图1-32 挺身展髋练习

（3）背对海绵包，双脚跳起，空中呈"背弓"姿势，然后用肩背着垫子（图1-33、图1-34）。

图1-33　背对海绵包

图1-34　空中"背弓"姿势

3. 学习和改进背越式跳高的完整技术

（1）8～10步助跑，起跳后过杆（皮筋）的练习。

（2）根据自身的能力，选择不同的高度进行挑战。

二、跳远（挺身式跳远）

跳跃是人体的基本活动能力之一，要使人体跳得更远，除了娴熟的技能，还需要更快的速度、更强的力量。

（一）动作要领

1. 助跑与起跳的结合

助跑：重心较高，身体平稳，有节奏，最后4步要加快节奏、准备起跳。

起跳：上板快，摆臂摆腿快，蹬伸起跳快。

2. 腾空（图1-35）

起跳腾空后放下摆动腿，大小腿后摆，展髋挺胸，两腿自然伸展并靠拢。在跳远技术的发展过程中，空中动作技术多年来没有大的变化，一直都是采用蹲踞式、挺身式、走步式3种空中身体姿势，可以根据自身的能力选择。

图1-35　腾空

3. 落地

向前伸举小腿，落地前两脚并拢，屈髋、屈膝，用前倒或侧倒的方法落地。

拓展阅读： 中国男子跳远未来可期

男子跳远，是近年来中国田径队的一个重点发展项目，请来了曾执教世界纪录保持者麦克·鲍威尔的美国教练兰道尔·亨廷顿，培养出一批实力不俗的年轻选手。

在2013年，李金哲分别在国际田联钻石联赛上海站、国际田联挑战赛北京站、第

12 届全运会中跳出了 8.34 米、8.31 米、8.34 米，并在 2014 年 6 月德国巴特朗根萨尔察进行的跳远专项赛上以 8.47 米的成绩创造了新的全国纪录，在当年跳远成绩中排名第三；2015 年高兴龙在全国比赛中以 8.34 米成绩力压李金哲（8.26 米）、王嘉男（8.25 米）夺得冠军；2016 年 6 月举行的全国青年田径锦标赛上，18 岁的石雨豪跳出了 8.30 米的成绩，同时也打破了亚洲青年纪录；在里约奥运会中，王嘉男以 8.17 米获得第 5 名。

2017 年伦敦田径世锦赛前，共有 5 名选手达到 8.15 米的世锦赛参赛标准。如何选择，成为中国队的一个"幸福烦恼"。最终，根据赛季综合表现和个人最佳成绩等因素，中国队派出了王嘉男、黄常洲、石雨豪协同出战。在国际大赛上，如今的中国男子跳远已可以实现满额参赛，这必将大大增加他们创造佳绩的机会。

（二）学练方法

1. 改进助跑和起跳技术

（1）助跑 1～3 步起跳练习

（2）反复做 6～8 步助跑，在助跳板起跳后成腾空步姿势，摆动腿单脚落入沙坑后继续跑进的练习（图 1-36）。

（3）结合确定"助跑标记"反复进行全程跑练习（一般 10 步以内助跑，可参照下面的公式：助跑的步数 ×2-2= 应走的步数）。

图 1-36　腾空步

2. 学习和改进腾空与落地技术

（1）在跑道上做连续起跳腾空步后，下放摆动腿落地的练习。

（2）6～8 步助跑，在助跳板上起跳，积极放摆动腿，体会空中"挺身"的动作。

（3）8～10 步助跑，在助跳板上起跳，做挺身式跳远练习。

3. 发展跳的能力练习

（1）收腹跳、跨步跳、弓箭步跳。

（2）利用台阶、跳箱的跳深、两腿交换跳。如图 1-37～图 1-40 所示。

图 1-37　利用跳箱练习 1

图 1-38　利用跳箱练习 2

图 1-39 利用跳箱练习 3

图 1-40 利用跳箱练习 4

（3）连续跳障碍，如图 1-41 所示。

图 1-41 连续跳障碍

三、铅球

奥运会的投掷项目包括铅球、铁饼、标枪、链球等，在中职阶段重点介绍和学习铅球技术，通过铅球的学练，能够展示人们的健美和力量，发展投掷能力。

（一）动作要领（侧向滑步推铅球）

（1）预摆：右手持球，身体侧对投掷方向，左腿向投掷方向摆出。

（2）侧向滑步技术：左腿向左侧摆出，同时右腿用力侧蹬，"摆""蹬"同时进行，右腿低滑，左侧牢撑，形成最后用力前的良好姿势。

（3）最后用力技术：右腿用力蹬转、髋边转边送，左肩固定，身体左侧形成支撑轴，右肩前送，挺胸抬头，以胸带肩，右臂推球，最后手指拨球（图 1-42）。

图 1-42 侧向滑步推铅球

知识窗

怎样才能投得更远

(1) 提高腰腹肌、下肢、手臂的力量。

(2) 协调用力，掌握正确的用力顺序，争取最佳出手点。

(3) 有适宜的出手角度，适宜的出手角度是38°～42°。

(4) 滑步速度要快，并与最后用力有机衔接，提高出手时的速度。

（二）学练方法

（1）实心球的各种方式投掷练习（图1-43～图1-46）。

图 1-43　投掷练习1

图 1-44　投掷练习2

图 1-45　投掷练习3

图 1-46　投掷练习4

（2）哑铃、轻杠铃或杠铃片的反复推举（图1-47、图1-48）。

图 1-47　杠铃片的反复推举1

图 1-48　杠铃片的反复推举2

（3）推小车游戏。

（4）仰卧两头起。

（5）侧向滑步推铅球的完整练习。

拓展阅读：

　　中国女子铅球水平在世界始终处于领先地位，人才辈出。在历年世界各种比赛中取得优异的成绩。如隋新梅在1996年获第26届奥运会铅球银牌（19.88米）。黄志红在1989年除了以20.56米夺得第15届世界大学生运动会女子铅球冠军外，当年还创造了21.28米的世界第二好成绩。2017年中国选手巩立姣在伦敦进行的世界田径锦标赛女子铅球决赛中，凭借第五掷的19.94米，获得了冠军！这是中国队在本届世界锦标赛上的首枚金牌，是中国队在田径世锦赛历史上第14金、女子铅球项目第3金。

第二章 篮　球

篮球运动是以投篮为中心，以得分多少决定胜负，融合移动、传球、运球、投篮、进攻与防守、对抗战术为一体的游戏性很强的运动项目。篮球运动锻炼效果好，所需场地器材比较简单，组织形式灵活，游戏性强，活动一般不受年龄、性别、人数和技术水平限制，迅速成为当今世界开展最广泛、拥有球迷最多的体育运动项目之一，一直深受人们喜爱。

第一节　篮球运动概述

一、篮球运动的起源与发展

篮球运动是美国的詹姆士·奈史密斯博士于 1891 年发明的，他是在马萨诸塞州斯普林菲尔德基督教青年会国际训练学校任教的体育教师，受启发后发明了篮球游戏，经过逐渐完善和发展形成了现在篮球运动。篮球运动于 1895 年传入中国；1932 年 6 月成立了国际业余篮球联合会；1932 年国际上统一了规则，成为较为完善的运动项目；1936 年篮球运动被列入奥运会项目；1992 年职业篮球球员开始可以参加奥运会比赛。

当今世界篮球水平最高的联赛是美国篮球职业联盟（NBA）比赛，代表中国的水平最高的联赛是中国职业篮球联赛（CBA）比赛。现代职业竞技篮球运动将向"高""快""全""准""变"和女子篮球"男子化"，明星更加突出，技战术运用向"精练化""技艺化""智谋化"的方向发展，随着现代篮球运动的继续发展，将会使人感觉到球场越来越小、比赛时间越来越短、篮架越来越低、篮筐越来越大、场上变化越来越快、队员身体接触越来越频繁剧烈、核心球员的特殊功能越来越突出、女子篮球越来越接近男子篮球。

二、篮球运动的价值

经常参加篮球运动，不但能够提高身体素质，对健康水平有明显作用，而且对个人的社会适应、人格的形成与发展具有潜移默化的教育作用。

（一）健身价值

篮球运动过程中涵盖了快速移动的急起、急停、跑、跳、投、反应、配合等多种运动方式组合，在运动过程中运动强度较大，因此，篮球运动能全面、有效、综合地促进力量、速度、耐力、灵敏、柔韧等各项身体素质和人体机能的全面健康发展。

（二）教育价值

篮球运动的练习与比赛的过程，可以很好地促进个体的发展与完善。能使参与者的个性、自信心、情绪控制、意志力、进取心、自我控制与约束等方面都有良好的发展，从而培养出团结拼搏、团体协作、文明自律、遵纪守法、热爱集体等的良好道德品质和集体主义精神。

第二节　基本移动

移动是在篮球比赛中为了场上争夺有利位置，改变方向及速度和争取高度所采用的各种脚步动作的通称。

一、进攻移动

（一）启动

启动：启动是在场上由静止状态转为运动状态的动作，获取移动初速度的方法。

动作要领：脚掌短促有力地蹬地，重心跟移，上体前倾或侧倾，迅速迈步。前两三步要短促而迅速。

（二）变向跑

变向跑：变向跑是在场上跑动过程中迅速改变跑动方向的脚步动作。

动作要领：跑动中最后一步用同方位脚前脚掌制动。同时脚下内侧蹬地、屈膝、脚尖稍向内扣、腰部随变换方向转动、重心跟移，上体稍前倾，同侧脚向前方跨出一小步，异侧脚再迅速向侧前方跨出一大步。

（三）侧身跑（图2-1）

侧身跑：移动过程中进行传接球经常采用的跑动方法。

动作要领：脚尖和膝盖对着跑动方向，头和腰部向球的方向扭转，侧肩，上体和两臂放松，随时观察场上情况。

图2-1 侧身跑

（四）学练方法

（1）面向球场启动加速跑。

（2）背向转身启动加速跑。

（3）"S"形跑练习。

（4）"V"字形移动练习。

二、防守移动

（一）防守基本姿势

两脚左右分开或斜侧向开立，比肩稍宽、屈膝弯腿，臀后座，身体重心支撑点在两脚的前脚掌上，含胸、收腹，上体稍前倾，两臂屈肘侧举，手掌向前，目视前方。

（二）滑步

滑步技术在篮球运动中是一项非常重要的脚步移动方法。滑步分为侧滑步、前滑步、后滑步3种。

（1）侧滑步（图2-2）。动作要领：（以右侧滑步为例）左脚前脚掌内侧用力向左蹬地，同时右脚向右滑出半步，右脚落地同时，左脚迅速向左滑出半步，平贴着地面滑动，滑动中身体不能起伏，重心要平稳。

（2）前滑步、后滑步（图2-3）。动作要领：两脚前后开立。向前滑步，后脚前脚掌内侧用力向前蹬地，前脚前迈一小步，后脚迅速跟上半步。向后滑步，前脚掌用力向后蹬地，后脚向侧后方迈出半步，前脚迅速跟上半步。做前、后滑步时，前脚的脚尖要向前。

图 2-2 侧滑步

图 2-3 前滑步、后滑步

（三）攻击步（图 2-4）

动作要领：两脚平行站立，移动时抬起移动方向的脚。同时后脚迅速蹬地，前脚向前跨出，后脚落地，左腿屈膝成箭步，前脚同侧手伸出进行干扰，重心要平稳。

图 2-4 攻击步

（四）学练方法

（1）折返滑步练习。

（2）踩场地线滑步练习。

（3）匀速及变换的"Z"字滑步。

（4）镜像仿滑步。

知识窗：

什么是违例：违例是违犯规则。违例的罚则：将球判给对方队员在最靠近发生违例的地点掷球入界，但正好在篮板后面的地点除外。违例手势停表如右图。

走步违例（带球走）：当队员在场上持着一个活球，其一脚或双脚超出规则条款所述的限制，向任一方向非法的运动是带球走。在场上正持着一个活球的队员用一脚（称为中枢脚）始终接触该脚与地面接触的那个点，而另一只脚向任一方向踏出一次或多次的合法运动是旋转。

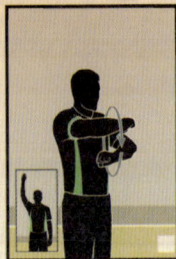

转动双拳

拓展阅读： 违例有哪些?

（1）时间的违例：3秒、5秒、8秒、24秒。

（2）其他的违例：队员出界或球出界、非法运球（两次运球）、带球走（走步）、球回后场、干涉得分和干扰得分。

第三节 基本技术

一、传球、接球技术

传球、接球技术是篮球运动中重要的技术之一；是球场上球员相互之间的组织配合联系的纽带；是组织战术配合的技术手段。

（一）传球技术

1. 双手胸前传球（图2-5）

动作要领：两手五指自然张开，两大拇指成八字形，用指根以上部位持球，手心空出。两肘自然弯曲于体侧，置球于胸腹部位，两脚前后开立。目视传球方向，两臂前伸，压腕，拇指下压，食、中指用力翻拨向前。远距离传球，则要蹬地和腰腹的协调用力。

原地双手 1　　　　　　行进间双手胸前传球 2

图 2-5　双手胸前传球

2. 双手头上传球（图 2-6）

动作要领：双手持球举于头上，两肘稍屈，持球手法与双手胸前传球相同，传球时小臂前挥，手腕前扣外翻的同时，拇指、食指、中指用力拨球。当传球距离较远时，加脚蹬地，腰腹用力，全身协调发力，将球传出。

图 2-6　双手头上传球

3. 单手肩上传球（图 2-7）

动作要领：双手胸前握球，左脚向传球方向跨出半步，左肩对准传球方向，同时右手引球到右肩上方；传球时，右脚蹬地的同时，转体挥臂，甩腕，通过手指拨球将球传出。

图 2-7 单手肩上传球

4. 单手体侧传球（图 2-8）

动作要领：左脚向左前侧方跨步的同时将球引至身体右侧，呈右手单手持球。传球时，持球手的拇指在上，手心向前，手腕后屈。前臂向前做弧线摆动，手腕前屈，食指、中指、无名指拨球将球传出。

图 2-8 单手体侧传球

（二）接球技术

接球分双手接球（图 2-9）和单手接球两种。无论是哪一种接球，眼睛都要注视来球方向，肩臂协调放松，两手臂半屈臂迎向来球，手指放松，腕上翻。

图 2-9 双手接球

（三）学练方法

（1）徒手模仿传球、接球的练习。

（2）相距4～6步原地传球、接球练习。

（3）一人原地一人移动传球、接球练习。

（4）行进间双手胸前传球、接球无球侧身跑练习。

（5）行进间双手胸前传球、接球跨步接球和迈步传球的步法练习。

（6）行进间双手胸前传球、接球两个人持球由慢速练习传接球直到熟练。

二、运球技术

（一）低位运球技术（图2-10）

多用于突破摆脱防守队员。动作要领：两脚前后开立，两膝弯曲，上体稍前倾，抬头看前方，五指自然分开。用手指和指根按、拍球。以肘关节为轴，运球高度在膝关节以下，不运球的手臂要抬起进行运球保护。

（二）高位运球技术（图2-11）

多用于行进间快速奔跑运球。动作要领：膝微屈，上体稍前倾，目视前方，手按球的后半部，球落点在人的侧耳前方。反弹高度在腰胸之间。

图2-10　低位运球　　　　　　　图2-11　高位运球

（三）运球急停急起（图2-12）

动作要领：以高运球慢慢靠近防守者，运球突然停一下，给防守者以假象要有其他变化吸引他；然而在一停的瞬间，以低姿快速运球冲过防守者的侧面而过。

（四）体前变向运球（图2-13）

动作要领：运球接近防守者降重心变低运球，突然换手运球，通过转体探肩，变换运球方向，脚尖向前，跨步的同时上体向前，用肩背挡住对手，后脚用力蹬地、加速、超越对手。

图 2-12 运球急停急起

（五）学练方法

（1）原地高运球、低运球练习。

（2）原地双手同时高运球、低运球练习。

（3）单手前后拉球练习。

（4）双手体前拨拉运球练习。

（5）行进间绕杆运球练习。

（6）运球折返跑练习。

（7）一对一的躲闪或追逐跑游戏。

（8）小组间的运球接力比赛。

图 2-13 体前变向运球

三、投篮技术

投篮技术的好坏直接关系到比赛得分的多少，是篮球各项基本技术中最重要的。在篮球运动中投篮的方式有多种，在不同的情况下采用的投篮方式也不同。按照投篮时运动员状态可分为原地、行进间和跳起投篮。

（一）原地单手肩上投篮（图 2-14）

1. 动作要领

以右手投篮为例，右手五指自然分开，手心空出，手指根以上的部位持球，大拇指与小拇指控制球体，左手扶在球的左侧，右臂屈肘，肘关节自然下垂，置球于右肩前上方，目视篮筐。两脚左右或前后开立，两膝微屈，重心落在两脚掌上。投篮时，下肢蹬地发力，右臂向前上方抬肘伸臂，手腕前屈，食、中指用力拨球，通过指端将球柔和地投向篮筐。

图 2-14　原地单手肩上投篮

2. 学练方法

（1）原地徒手模仿投篮动作练习。

（2）两人一组，相互对投练习。

（3）罚球线投篮练习。

（4）分组定点投篮比赛。

（二）运球急停跳投（图 2-15）

1. 动作要领

在运球急停跳起至最高点时，保持身体平衡并投篮。投篮时，由下肢蹬地发力，向投篮出手方向伸展身体，借助脊柱伸展的惯性促使下肢、躯干和上肢连贯并协调配合，最后将力量集中于手臂、手和手指部位，以伸展手臂、手腕的抖屈及手指的弹拨等动作将球投向篮筐。投篮时要做到肌肉用力和关节动作的协调致，综合控制与调节身体力量。

图 2-15　运球急停跳投

2. 学练方法

（1）原地抛球后，上前跨步急停接球做投篮练习。

（2）运 2～3 次球急停投篮练习。

（3）快速运球后急停跳起投篮练习。

（4）一对一防守下投篮练习。

（三）行进间单手肩上投篮技术（图 2-16）

行进间单手肩上投篮技术：行进间单手肩上投篮基础分为两种，行进间单手高手投篮和行进间单手低手投篮。

1. 动作要领

以右手投篮（图 2-17）为例，右脚向前跨出时双手接球，右脚落地后左脚迅速向前跨一小步，并用力蹬地向上起跳，右腿屈膝上抬，当身体跳到最高点时，右手臂伸直，用手腕前屈，食、中指用力拨球将球投向篮筐（或手掌心向上托球，接着向上屈腕，食指、中指、无名指向上拨球投出）。

图 2-16 行进间单手肩上投篮

图 2-17 右手投篮

2. 学练方法

（1）跨出第一步练习。

（2）徒手脚步动作练习（一大二小三高跳）。

（3）抛球后接球跨步投篮练习。

（4）两人一组跨步接球练习。

（5）一传一投练习。

（6）分组半场投篮练习。

四、组合技术

（一）行进间运球接单手肩上投篮

1. 动作要领（以右手投篮为例）

行进间运球，当球从地面反弹起时，跨出右脚，同时双手接球，右脚落地后迈出左脚迅速蹬地起跳，身体接近腾空最高点后，单手肩上投篮动作将球投向篮筐（图 2-18）。

图 2-18 单手肩上投篮

2. 学练方法：

（1）运一次球接单手肩上投篮练习。

（2）原地运球接单手肩上投篮练习。

（3）半场运球接单手肩上投篮练习。

（4）运球绕杆接单手肩上投篮练习。

（5）一对一防守摆脱上篮练习。

（二）传球、运球突破、行进间单手低手投篮组合

1. 动作要领

综合练习传球、运球突破与行进间单手投篮的组合练习，要做到传球及时，突破的速度要快，行进间投篮不走步。

2. 学练方法

（1）将学生分成两组分别站在①和④的位置，①组持球（图 2-19）；

（2）持球的队员①将球传给另一侧④；

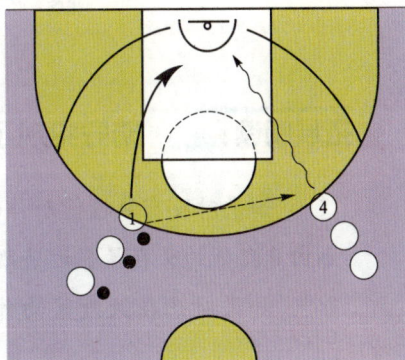

图 2-19 组持球

33

（3）④接球后做运球快速突破低手上篮；

（4）抢篮板球后，两人交换位置排到队尾。

知识窗：

什么是犯规？犯规是对规则的违犯，含有与对方队员的非法身体接触或违反体育运动精神的举止。

犯规停表手势如右图：

什么是非法用手（打手）？

定义：当防守队员处于防守位置，并且其手或手臂放置在持球或不持球的对方队员身上并保持接触以阻碍其行进，就发生了非法用手或非法伸展手臂。裁判员应判定引起接触的队员是否已经获得了不公正的利益。如果队员引起的接触在任何方面限制对方队员的移动自由，这样的接触是犯规。

非法用手	对手的非法接触	钩人犯规
击腕	掌击另一只前臂	向后移动前臂

拓展阅读： 防守犯规了怎么罚？

（1）如果对没有做投篮动作的队员发生犯规：

◆由非犯规的队在最靠近违规的地点掷球入界重新开始比赛。

（2）如果对正在做投篮动作的队员发生犯规，应按下列所述判给投篮队员若干罚球：

◆如果出手投篮成功：应计得分并追加 1 次罚球。

◆如果从 2 分投篮区域的出手投篮不成功：2 次罚球。

◆如果从 3 分投篮区域的出手投篮不成功：3 次罚球。

第四节 基本战术

一、掩护配合

掩护配合（图 2-20）是队员利用身体合理的挡住同伴对手的移动路线，或是主动利用同伴挡住自己对手的移动路线，从而摆脱防守队员，获得进攻机会的一种战术配合方法，掩护的种类很多，按掩护位置分为侧掩护、后掩护、前掩护。

（一）动作要领

掩护动作方法有两种，一是面向防守队员，两脚平行站立，屈膝，重心下降，两臂屈肘，自然置于体前。这种掩护动作的优点是掩护面积大，能看清防守队员的意图和行动。二是侧向防守队员，两脚前后站立，用肩背挡住对方，这种掩护动作的优点是掩护时容易看到球的活动。

图 2-20 掩护配合

（二）学练方法

（1）掩护动作的模仿练习。

（2）侧、后、前掩护动作无球练习。

（3）侧、后、前掩护配合有球练习。

知识窗：

圆柱体原则

　　圆柱体原则定义为一名站在地面上的队员占据一个假想的圆柱体内的空间。它包括该队员上面的空间，并受下列限定：前面由手的双掌；后面由臀部和两侧由双臂和双腿的外侧。双手和双臂可以在躯干前面伸展，其肘部的双臂弯曲不超过双脚的位置，因此两前臂和双手是举起的。他的双脚间的距离应依据他的身高有所不同。

二、三攻二，二防三

（一）动作要领

　　三攻二，三名进攻队员在推进时要拉开一定距离，接近防守队员中间球员拿球突破，哪侧防守队员拦截，则将球传给哪一侧同队队友至篮下投篮。如两个防守队员都不拦截则由中间球员直接突破至篮下。

　　二防三，两名防守队员要及时抢占篮下有力位置，利用假动作，造成持球队员失误或延缓进攻速度，一人在拦截时，另一名防守队员及时站住另一侧队员中间位准备断球。

（二）学练方法

　　（1）无球跑位模仿练习。

　　（2）三人行进间传接球运球突破投篮练习。

　　（3）消极防守三攻二练习。

　　（4）全场往返三攻二，二防三练习。

三、半场人盯人防守

　　半场人盯人防守战术是在篮球比赛中由进攻转入防守时，全队有组织地迅速退回后场，在半场范围内进行盯人防守的一种全队战术。一般分为半场松动人盯人防守和半场紧逼人盯人防守。

（一）配合方法

　　半场松动人盯人防守的方法，首先要控制持球队员，主动迎前防其投篮、传球和持球突破。特别要加强对中锋队员的控制。全队在防守上要始终做到有球上，防守紧；无球缩、防守松；近球紧、近篮紧，远球、远篮缩，密切协同配合。

（二）学练方法

　　（1）选位练习：5个防守队员按分工找好自己所负责的人，站好位置。

（2）回防练习：前场进攻转为防守。迅速退回自己半场。

（3）比赛中强化练习。

知识窗：

人们常说的 3 秒区的学名称为限制区。如下图。

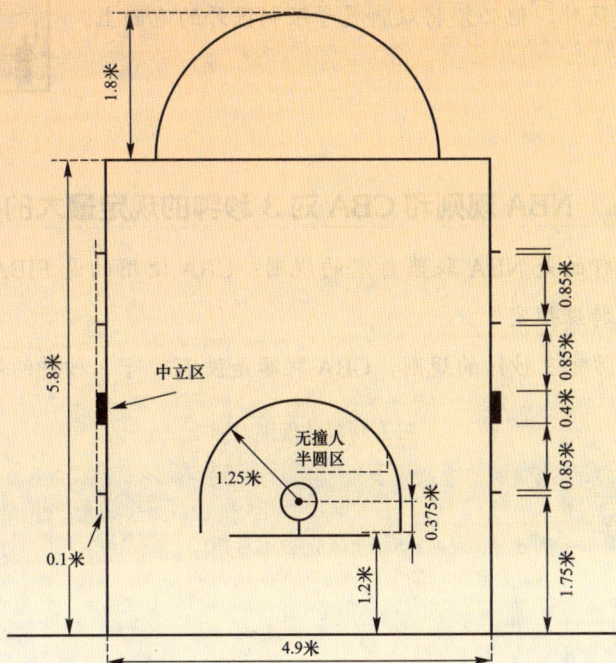

中立区
无撞人半圆区
1.8米
5.8米
0.1米
1.25米
0.375米
1.2米
4.9米
0.85米
0.85米
0.4米
0.85米
1.75米

四、区域联防

篮球区域联防是由进攻转为防守时，防守队员迅速退回后场，每个队员分工负责防守一定的区域，严密防守进入该区域的球和进攻队员，并与同伴协同防守，用一定的队形把每个防守区域有机地联系起来而组成的防守战术。依据防守队员的站位形式，常把区域联防分为 2-1-2 联防、2-3 联防、3-2 联防、1-3-1 联防及对位联防等几种。

（一）配合要点

以球为主，随球移动，对自己防区的持球对于采取盯人防守。相邻防守队员适当向持球队员靠拢，协助队友进行防守。防止传球或者穿插。

（二）学练方法

（1）二防二练习。

（2）二防三练习。

（3）五防五练习。

知识窗：

3秒钟

某队在前场控制活球并且比赛计时钟正在运行时，该队的队员不得在对方队的限制区内停留超过持续的3秒钟。为证实队员自身位于限制区外，他必须将双脚置于限制区外的地面上。

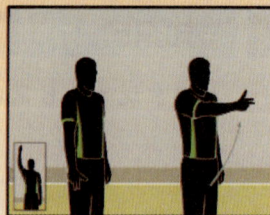

3秒钟

伸出手臂示3指

拓展阅读： **NBA 规则和 CBA 对 3 秒钟的规定最大的区别是什么？**

（1）NBA 执行的是 NBA 联盟自定的规则；CBA 使用的是 FIBA（国际篮联）的规则再加上"联赛特殊规定"。

（2）NBA 有防守 3 秒钟的规则，CBA 联赛是没有防守 3 秒钟的规则的。

三人制篮球规则对照

球场和比赛用球	标准的三对三篮球场地面积应为 15 米（宽）×11 米（长）。所有级别比赛统一使用 6 号球
球队人员	可 5 名队员（3 名场上队员 +2 名替补） 注：在国际篮联三对三官方比赛中，场上必须要有 3 名球员方可开赛
裁判员	1 名或 2 名
计时员 / 记录员	最多 2 名
暂停	每队 1 次，每次 30 秒钟
初始球权	掷硬币 注：掷硬币获胜球队选择使用比赛的初始球权或者可能发生决胜期的球权
得分	弧线内出手中篮计 1 分，弧线外出手中篮计 2 分
比赛时间和得分限制	比赛时长 1×10 分钟 得分限制：21 分，仅适用于常规比赛时间 注：如果没有比赛计时钟，比赛时长由组织者自行决定 国际篮联建议采取与比赛时长一致的得分限制（10 分钟 /10 分；15 分钟 /15 分；21 分钟 /21 分）
加时赛	首先取得 2 分的球队赢得比赛
进攻计时钟	12 秒钟 注：如果没有进攻计时钟，裁判员负责最后 5 秒钟的提示和计数
投篮犯规后的罚球	圆弧线之内发生——1 次罚球 圆弧线之外发生——2 次罚球
球队 7、8、9 次犯规罚则	2 次罚球
球队 10 次以上犯规罚则	2 次罚球 + 球权

球中篮后的球权	防守队球权 在球篮正下方，运球或传球给弧线外队员 防守队不允许在球篮正下方的"无撞人半圆"之内进行防守
死球后的球权	弧线外（圈顶外）防守队向进攻队队员传递球
防守队获得篮板 或抢断后的球权	运球／传球至弧线以外
跳球情况后的球权	防守队球权
替换	死球状态下，双方传递球之前 替补队员在其队友离场并在球篮对侧端外与之发生身体接触后方可入场比赛。 替换无须裁判员或记录台裁判员发出信号

第三章 排 球

排球运动是由跳跃、移动、传垫、扣拦、发球、扑救等动作组成的一项集体同场隔网对抗项目。自我国女排在 20 世纪 80 年代获得"五连冠"的光辉成果以来，它成为青少年普遍关心和喜爱的体育项目。并以"中华精神"鼓舞青少年勤学苦练。经常从事这项运动对发展身体灵敏度、弹跳力、速度、力量、耐力、时空感等身体素质与能力有良好作用。

第一节 排球运动概述

一、排球运动的起源与发展

排球运动起源于美国。早在 1895 年，美国马萨诸塞州霍利沃克城青年会干事威廉·摩根发明了一项球类游戏：在网球场上用一个篮球的球胆进行比赛，双方人数相等，各站居一方，将球胆在网前来回传托，使其在空中飞来飞去，并命名为"volleyball"，意思是"空中的球"，这便是排球的雏形。当时比赛人数的多少、球的大小、比分的多少都是随意而定的。很快，这种有趣的游戏就在基督教青年会中广泛传播，成为一项正式的球类比赛。

排球运动传入我国是 1905 年。我国排球运动的开展，虽然在 1913～1934 年举行的第 10 届远东运动会上，曾取得过男子排球比赛五次冠军。但是，排球运动真正得到广泛开展，成为广大青少年喜爱的体育项目之一，是在新中国成立以后。特别是从 1981 年起中国女排在世界大赛中连续取得"五连冠"的优异成绩及其科学训练和拼搏进取精神，对全国人民起了极大的鼓舞作用。现在我国每年都举办全国男、女排球超级联赛，观赛人数场场爆满，极大地推动了我国排球运动进一步的发展。2003 年，中国女排在获得"五连冠"，17 年之后，在日本世界杯排球赛勇夺冠军，紧接着在 2004 年雅典奥运会上取得冠军，后来又在 2016 年里约奥运会上取得冠军。2019 年在日本举行的女排世界杯比赛中又以 11 连胜的战绩获得冠军。

知识窗：

> 排球运动的组织是国际排球联合会（FIV），它成立于 1947 年 4 月，总部设在法国巴黎。最重要的国际比赛有世界排球锦标赛、世界杯排球赛、奥运会排球赛、世界青年排球锦标赛。第 1 届世界男子排球锦标赛于 1949 年在捷克斯洛伐克首都布拉格举行，第 1 届世界女子排球锦标赛于 1952 年在苏联首都莫斯科举行。排球运动第一次成为奥运会正式比赛项目是于 1964 年在日本东京举行的第 18 届奥运会上。

二、排球运动的价值

（一）健身价值

排球比赛是攻防不断转化的过程。比赛有发球和接发球，有扣球和拦网，有进攻和防守反击，球又不能落地。双方始终在激烈的对抗中进行。水平越高的比赛，其对抗越精彩激烈。经常参加这项运动，不仅能提高中枢神经系统和内脏器官系统的功能，促进身体健康发展，还能发展力量、弹跳、速度、灵敏等身体素质。

比赛规则规定场上队员必须不断轮转，这就要求每个队员必须全面掌握攻防各项基本技术，做到能攻善守，以适应项目的特点和要求；比赛中，每项技术既能得分，又能失分，这就要求队员掌握技术不仅要全面，还必须熟练；由于攻防转换较快，三次击球必须过网，球不得落地又不能在手中停留，因而要求具有高度的技巧性。经常参加这项运动，能使动作灵活，反应迅速，培养学生的判断能力、分析能力、应变能力。

（二）教育价值

排球比赛是一项集体配合取胜的球类竞赛项目。除发球外，三次击球环环相扣，互相关联。某一环节出现差错就会影响全队的成败。因此，只依靠个人力量或松散的战术配合是难以取得比赛胜利的。球队水平越高，其默契配合就越紧密，体现出集体性。因此，排球练习和比赛，还可以培养优良的体育道德作风和团结、协助的集体主义精神。

在比赛过程中，面对不同的对手，有赢有输，面对强手，敢打敢拼，赢了，不骄傲，输了，不互相埋怨，永不放弃。所以通过排球学练和比赛，可以培养学生正确的体育品德，培养学生勇猛果断、机智灵活、顽强拼搏的良好品质和竞争意识。

三、排球运动的比赛规则

（1）比赛采用5局3胜制，前4局每局先得25分并超过对方2分时为胜一局，第5局采用15分制，得14分后必须领先2分才能获胜。

（2）在比赛过程中，球不能在手中有稍长时间的停留，而且在规定的次数将球击过网，所以排球比赛是球不落地的比赛。

（3）比赛时，队员在场上的位置要随着发球权的转移进行轮换，要求队员必须有全面的技术。

（4）进攻有区域限制，前排队员可以在本场区的任何位置上进攻，而后排队员可以在后场区进攻，不能在前场区将整体高于球网上沿的球击入对方场区，也不能进行拦网。

（5）触球：队员可用身体任何部位触球，但不得停留，如出现捞、捧、推、掷球的情况则被判为持球。每队最多触球3次（拦网除外），如果1个队员连续触球多于1次（拦网除外），被判为连击。同队两个队员同时触球作为两次触球。但双方队员在网上同时触球后均再可击球3次。

（6）场地器材。

① 比赛场区（图3-1）：18米×9米的长方形，四周至少有3米空地，场地上空至少高7米内不得有障碍物。国际排协世界级及正式比赛，无障碍区自边线以外至少5米，自端线以外至少8米，无障碍的比赛空间自地面以上至少12.5米没有障碍物。场中间横画一条线把球场分为相等的两个场区。所有线宽均为5厘米。

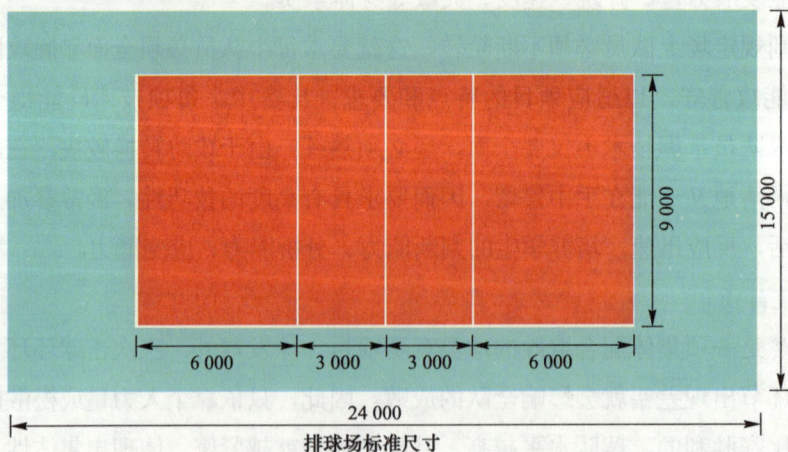

图3-1 比赛场区

② 网、柱：场地中线上空架有球网。网宽1米，长9.50米，挂在场外两根圆柱上女子网高2.24米，男子网高2.43米。球网两端垂直于边线和中线的交界处各有5厘米宽的

标志带，在其外侧各连接一根长 1.80 米的标志杆。

③ 球：球的圆周为 65 ～ 67 厘米，重量为 260 ～ 280 克，气压为 0.40 ～ 0.45 千克 / 平方厘米。

拓展阅读

自 1949 年举行第 1 届世界男子排球锦标赛以来，特别是 1964 年奥运会把排球运动列入正式竞赛项目，它的技战术发展已经进入了一个新阶段。在发球方面竞相采用长距离远程飘球、"跳发球"和一些新的发球技术与策略。在扣球方面：一是打破了按一定步法、一定方向助跑起跳的限制，采用各种变步、变向的起跳，以适应各种临场情况；二是打破了专位分工的限制，要求兼备扣快球和打强攻的两手；三是打破了定位扣球的限制，要求在积极跑动中实现进攻；四是打破了三点进攻的限制，发展为前排的活点进攻和后排的纵深进攻。在拦网方面，采用连跳拦网技术、人盯人区域的拦网，重叠拦网等各种技战术。在后排防守方面，强调掌握多种防守技术，如肩滚翻发展为横滚的防守技术及各种挡球技术等。

第二节 基本技术

一、正面双手上手传球

（一）传球的作用

正面双手上手传球主要用于二传，在比赛中起着组织进攻的作用。其动作结构由移动取位、传球前的准备、传球时的动作和传球后的动作四个环节构成。

（二）传球的动作要领

1. 移动与取位

（1）移动：目的是使身体接近球并做好准备姿势。根据远近距离和速度不同采取不同的移动步法（滑步、上步、跨步、交叉步、后退、跑步）。

（2）取位：移动到球下，保持稍蹲取位并双脚脚尖对准扣球点方向。双手置嘴下，抬头看球，上体正直放松。

2. 正面双手传球（图 3-2）

两手五指分开成半球状，小指在前，两拇指相对成"一"或"八"字型，掌心稍内凹，手腕稍后仰。触球时，以两拇指、食指、中指承受来球的冲力，无名指和小指触球两侧负责控制击球方向。

图 3-2 正面双手传球

知识窗：

传球时的全身协调用力（当球离头约一球距离时，伸膝伸肘发力迎球）：

1. 下肢蹬地，同时伸肘，依次伸膝、伸髋。

2. 双肘向前上方用力，击球时手指张开成半球形，击球点在额前上方约一个球左右的位置。传击球的用力主要靠伸臂和手腕手指的力量，配合以下肢蹬伸的协调力量。

（三）学练方法

（1）徒手做传球模仿；双手持球，体会击球手型和触球部位。

（2）自抛传球一次后连续对墙传球。

（3）两人对传球（图 3-3）。

图 3-3 两人对传球

二、正面双手下手垫球

（一）垫球的作用

比赛中各类垫球技术比重，约占全场触球技术的 60%，排球比赛中四大对抗（发接、扣防、扣拦、拦保）垫球技术就占三成。

（二）垫球的动作要领

（1）准备姿势：接发球采用稍蹲准备姿势，防守时采用半蹲准备姿势，脚间距一肩宽，重心在两脚中。

（2）正面双手垫球的手型包括：叠掌式（图3-4）、抱拳式（图3-5）。

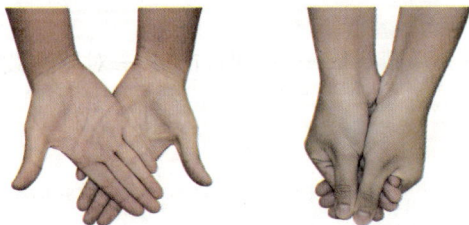

图3-4　叠掌式手型

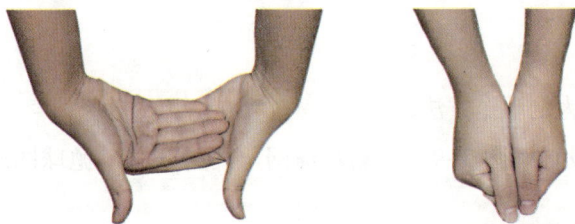

图3-5　抱拳式手型

（3）正面垫球（图3-6）：用腕关节以上10厘米处击球；当球飞行到离胸腹前一臂距离时，抬双臂击球；全身协调用力垫球（快速移动到位，两臂及时插入球下，两臂夹紧，提肩，下肢蹬地，重心随球向前）。

图3-6　正面垫球

知识窗：

有关垫球规则：清晰明显一次触球，不得和其他部位同时或依次触球（如上臂肌肉、胸部等），否则被判"连击"（拦网后垫球除外）。

（4）侧面垫球（图3-7）：两手由腹前直插体侧截住球飞行路线，脚尖转向二传。

（5）跨步垫球（图3-8）：来球低快，跨步取位，击球面指向传球目标。

图3-7　侧面垫球

图3-8　跨步垫球

（三）学练方法

（1）听口令徒手模仿练习垫球动作，体会夹臂、提肩、顶肘、压腕，抬臂（夹、插、提）。

（2）对墙垫固定球——一抛一垫——自抛自垫——对墙连续自垫。

三、发球

（一）发球的作用

发球的作用：发球是比赛的开始，也是进攻的开始。可以直接得分亦可以打乱对方的防守布置。

（二）动作要领

以左手抛右手击为例动作方法：

（1）侧面下手发球（图3-9）：侧对球网，两脚开立，抛球同时引右臂；击球后，迅速进场重心移。

（2）正面上手发球（图3-10）：正对球网，两脚开立，抛球同时引右臂；掌根击球后下部。

图 3-9　侧面下手发球　　　　　　图 3-10　正面上手发球

知识窗：

　　有关发球规则：球必须抛起后才能发出，如果感觉有可能失误则可不触碰球，任其自由落地。重新捡起等裁判哨音再发一次，再有失误则对方得分，且得交换发球权。

（三）学练方法

（1）抛球、击球和两者结合的徒手模仿练习，解决挥臂击球的协调性。要求球抛得平稳、直上直下、力量、高度和击球部位要固定

（2）击打吊球练习。

（3）对墙发球练习。

四、扣球

（一）扣球的作用

扣球的威力最大，也是最主要的得分手段。

（二）动作要领

（1）助跑起跳（图 3-11）：一般多用两步或三步助跑，起跳有并步和跨步法。

（2）空中击球（图 3-12）：手臂鞭甩，手掌推裹

（3）落地动作：避免前冲触网，掌踝膝髋依次缓冲落地。

图 3-11　助跑起跳　　　　　　　　图 3-12　空中击球

知识窗：

有关扣球规则：

（1）起跳击球身体任何部分不能触网，否则失分失去球权。

（2）不能扣对方上空的球。

（3）后排队员不能在限制线内起跳击打高于网的球到对方场地。

（三）学练方法

（1）助跑起跳徒手扣球模仿练习，然后扣不同高度的吊球。

（2）助跑起跳徒手扣教师传出的高球和半高球。

（3）控制手腕扣出带有线路清楚的球，加力量。

五、拦网

（一）拦网的作用

是防守的第一道防线。有效的拦网可以减弱后排防守的压力，可以创造反击的有利条

件；攻击性的拦网可以削弱对方进攻的锐气，给对方攻守造成心理威胁。

（二）动作要领

（1）准备姿势：直立、稍蹲；两手臂左右张开，五指自然张开，眼睛盯准球。

（2）判断、移动取位：基本上可以判断并移动对准扣球人的助跑起跳方向，正对扣球击球起跳。取位前的移动需要接近扣球点，灵活采用并步、交叉步或综合步向侧斜方快速移动。

（3）拦网：快移对准主线跳；深蹲晚跳拦强攻，稍蹲快跳拦快攻；直臂过网手近球，盖拍向里指紧张。

知识窗：

有关拦网规则：

（1）拦网时，身体的任何部分不能触网、触及或过中线。

（2）球的整体在对方场内不能过网拦击。

（三）学练方法

（1）两人一组隔网站立，一人举球，一人起跳拦固定球体会完整动作。

（2）左右移动拦网，从 3 号位向 4 号位移动拦网一次，下落后迅速向 2 号位移动拦网，然后换人。

（3）拦教师或同伴的扣球。

第三节　基本战术

一、"中一二"进攻战术和接发球"一三二"形站位

（一）战术要点

战术要点：接发球时，把球传给前排中间的 3 号位队员，由他传给 2 号、4 号位队员扣球，这种进攻配合称"中一二"进攻战术。

接发球"一三二"形站位：除 1 名二传队员外，其余 5 名队员均参加接发球。5 名接发球队员均衡分布在场上，每名队员接发球的范围相对减小，前面 3 名队员接前区球，后

面两名队员接后区球。"一三二"形站位，如图 3-13 所示。

（二）动作方法

动作方法：谁轮到 3 号位就担任二传，传给前排 4 号位和 2 号位进行扣球进攻。对方也是一样，不管谁接一传，目标是垫到 3 号位，再传到 4 号、2 号进攻扣球。

（三）学练方法

（1）先做无球的"中一二"进攻战术站位和接发球"一三二"形站位，再练习依次轮换位置，使学生明确各位置的站法和轮换次序。

（2）同伴在本方后场抛球（代替一传），模拟实战练习轮转。安排各种场上常用的情景练习。

（3）两队进行垫球比赛，模拟场上走位。

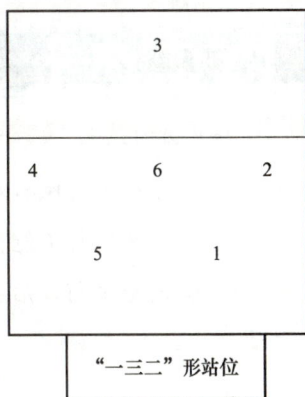

"一三二"形站位

图 3-13　"一三二"形站位

二、"边一二"进攻战术

（一）战术要点

战术要点：接发球时，把球传给前排中间的 2 号位队员，由他传给 3 号、4 号位队员扣球，这种进攻配合称"边一二"进攻战术。

（二）学练方法

（1）先做无球的"边一二"进攻战术站位，再练习依次轮换位置，使学生明确各位置站法和轮换次序。

（2）同伴在本方后场抛球（代替一传），模拟实战练习轮转。安排各种场上常用的情景练习。

（3）两队进行垫球比赛，模拟场上走位。

三、"边跟进"防守战术

（一）战术要点

战术要点：在防守时，1 号或 5 号位队员积极跟进拦网队员进行保护，防守对方吊球。

（二）学练方法

（1）4 人一组，一人在球网一侧将球抛到另一侧两名拦网队员身后，1 号或 5 号位队员跟进防吊球，并将球防起后组织"中一二"进攻。

（2）两名队员在半场一传一扣，另半场的两名队员消极拦网，1 号或 5 号位队员跟进防守对方的吊球。

知识窗：

相关规则：

（1）发球手触球后双方队员才能变换位置，否则判位置错误。

（2）后排队员不能在前场区进攻扣球、拦网、跳传。

（3）发球之前，后排队员要比前排队员更靠近端线，比左右更远离边线，否则判位置错误。

拓展阅读　如何欣赏排球比赛及注意事项

（1）观众应提前入场，比赛期间少走动，将手机关闭或处于振动、静音状态。

（2）开赛前，运动员集体入场举行仪式，向观众席行礼致意时，观众应用热情的掌声回应。单独介绍教练员、运动员及裁判员时要报以热烈的掌声。

（3）运动员做准备活动时，如球飞到看台，观众不要直接将球扔回场内。应将球捡起交给捡球员。

（4）比赛中，运动员发球时，任何声响干扰都不受限制。如果运动员发球失误，观众也可以鼓掌表示对另一方得分的祝贺，过分地鼓"倒掌"是不礼貌的行为。

（5）比赛中，观众不使用不文明的、侮辱性的言行刺激运动员和裁判员。观看比赛时，禁止燃放烟火、向场内抛掷物品、破坏公物、做不文明手势，禁止吸烟。照相不宜使用闪光灯。

第四章 足 球

足球是世界上名副其实的第一运动。足球世界杯与奥运会并成为两个全球最大的体育赛事。在关注度及转播覆盖率等方面，足球世界杯的影响力甚至已经超过了奥运会。目前足球项目除了标准的 11 人制比赛之外，还有 8 人制、5 人制等适合不同条件开展的比赛。在我国，校园足球已经成为国家战略，是目前最受国家重视的体育项目之一。

第一节　足球运动概述

一、足球起源与发展

足球最早起源于中国，在汉朝时称为蹴鞠。当时是作为训练士兵的一种手段。在唐宋时期，蹴鞠的发展达到了高潮。但到了清代，这项活动却走向了衰落。

现代足球的起源地是英国。当时英国人非常痛恨丹麦人的入侵，一群孩子发现了一个丹麦士兵的头骨，便拿来一阵乱踢。后来孩子们发现踢头骨脚会非常疼，就用牛的膀胱吹气来替代。

中国国家男子足球队最早成立于 1924 年。从 1976 年起，中国队连续 9 次参加亚洲杯，最好成绩为亚军。唯一一次进入世界杯决赛是在 2002 年的韩日世界杯上。中国国家女子足球队则是我国的骄傲，最好成绩获得过奥运会的银牌和世界杯亚军，还获得过 7 次亚洲锦标赛冠军和 3 次亚运会冠军。

二、足球运动的价值

（一）健身价值

足球比赛包括各种形式的奔跑、急停、转身、倒地、跳跃、冲撞及种类繁多的踢球、接球、抢截球等身体动作。这些动作可以较好地发展人的速度、耐力、力量、灵敏和柔韧等身体素质。还可以提高人的神经系统反应速度，以及中枢神经系统对各系统与器官的迅速调节能力；加强心血管系统、呼吸系统的功能；改善视感觉功能，扩大视野；提高方位知觉感受器的功能等，从而达到增强体质的目的。

（二）教育价值

1. 改善人的心理素质

通过参加足球运动和比赛，能提高人的注意力、观察力、想象力和思维能力。改善人的心理素养，提高人的心理健康水平。

2. 培养人的优良品质

长期参加足球运动还可以培养和锻炼勇敢顽强、机智果断、坚忍不拔、勇于克服困难的优良品质。足球运动是集体运动项目，因而要求队员必须齐心协力，密切合作，充分发挥集体和个人的作用，以达到战胜对手的目的。所以，从事足球运动还能培养团结协作的集体主义精神和严格的组织纪律性。

三、足球运动的比赛规则

（一）场地面积

比赛场地为长方形，其长度不得多于 120 米或少于 90 米，宽度不得多于 90 米或少于 45 米（国际比赛的场地长度不得多于 110 米或少于 100 米，宽度不得多于 75 米或少于 64 米）。在任何情况下，长度必须超过宽度。

（二）比赛用球

球的圆周不得多于 71 厘米或少于 68 厘米。球的重量，在比赛开始时不得多于 453 克或少于 396 克。充气后其压力应相等于 0.6 ～ 1.1 个大气压力（海平面上），即相等于 600 ～ 1 100 克 / 厘米。在比赛进行中，未经裁判员许可，不得更换比赛用球。

（三）比赛人数

上场比赛的两个队每队队员人数应有 11 人，且每队必须有一名守门员。除先发队员外，每队在比赛时可有多名替补队员，但换人次数不得超过 3 次。换下的队员不能再次上场（加时赛可更换第 4 名球员）。

（四）得分方法

将球打进对方球门得 1 分。以得分多的球队为胜。若出现平局，可依据赛事规程或比赛之前的约定互射点球。互射点球每队派出 5 名发球队员和 1 名守门员。

（五）越位

在本方传球的一瞬间。凡进攻队员较球更接近于对方球门线者，即为处于越位位置。

（六）黄牌与红牌

在比赛中根据不同的犯规情况会得到黄牌警告与红牌警告。一场比赛中，一名队员累计获得两张黄牌警告则自动变成红牌警告。得到红牌的队员应立即退出比赛，且该队不能有人数的补充。

第二节　基本技术

足球的个人进攻技术主要分为运球、踢球、停球和头顶球四大类。

一、运球

知识窗：

运球是足球比赛中最常用的技术之一。运球主要分为控球和突破两大类。控球是以不丢球为目的的运球。而突破是以防守队员身后为目的的运球。良好的运球技术不仅对球队的控球权至关重要，对观众而言更是极具观赏性的。

（一）动作要领

运球时，膝盖弯曲，身体重心微前倾，支撑脚距离球不易过远，同时球距离人也不宜过远，用眼睛随时观察周围的情况。根据比赛中出现的不同的情况，用脚的相应部位触球的中部。如遇特殊情况，如需要挑球过人，则需要用脚背触球的中下部；如需要拉球，则用脚底踩球的上部。在突破过人时，需要用假动作晃开对手重心，加速突破。

内马尔，巴西足球运动员，司职前锋。他的过人能力属于顶尖水平，平均每场比赛，内马尔过人的次数能够达到 7.3 次，在过人成功率方面，内马尔的过人成功率也不低，62% 的过人成功率，也能够傲视群雄。

（二）学练方法

（1）短距离多次触球。

（2）区域内运球变向。

（3）区域内 1 对 1 对抗。

二、踢球

踢球也是足球比赛中最常用的技术之一。踢球主要分为脚内侧踢球、脚背内侧踢球、脚背正面踢球和脚背外侧踢球等几种动作。踢球技术在比赛中的用途有很多，选择合适的脚法来完成不同的目的也体现了足球比赛的灵活性。如可以用脚内侧踢球来完成短传和近距离射门（图 4-1），利用脚背内侧踢球可以完成长传球和内旋弧线球射门（图 4-2），利用脚背正面踢球可以完成大力远射（图 4-3），利用脚背外侧踢球可以踢出优美的外旋球（图 4-4）。

图 4-1　脚内侧踢球触球部位示意图

图 4-2　脚背内侧踢球触球部位示意图

图 4-3　脚背正面踢球触球部位示意图

图 4-4　脚背外侧踢球触球部位示意图

（一）动作要领

踢球时，可以根据球的位置选择助跑线路或原地摆腿踢球。身体微前倾，眼睛观察出球方向。支撑脚在球侧 10～15 厘米。支撑脚膝盖微屈，支撑脚脚尖尽量面对出球方向。脚与球接触饱满。摆腿的速度决定球力量的大小。

拓展阅读

克里斯蒂亚诺•罗纳尔多（Cristiano Ronaldo），1985 年 2 月 5 日出生于葡萄牙马德拉岛丰沙尔，葡萄牙足球运动员，司职边锋 / 中锋，简称 C 罗，效力于西甲皇家马德里足球俱乐部，并身兼葡萄牙国家队队长。C 罗带球速度极快，善于突破和射门，拥有强悍的身体素质，技术非常全面。

在 20 世纪 1997 年 9 月 16 日的一场比赛中，希尔斯特在对阵切尔西的足球比赛中，打出了一记射门，测得时速 182 千米 / 小时。这是目前有记录的时速最高的射门。我国高速公路对汽车的限速是 120 千米 / 小时。这脚射门的球速比高速公路汽车的最高限速高出 1/3。

（二）学练方法

（1）两人一组踢固定球练习。用不同的教法体会不同的触球部位。

（2）用脚内侧踢球进行短传练习和罚点球练习。

（3）用各种脚法进行射门练习。

（4）用不同的脚法完成各种距离的传球。

三、停球

一个优秀的停球可以为下一个动作做良好的衔接，可以使比赛中很复杂的局面瞬间变得十分简单。同时停球也是最容易被忽视的一项技术。因为大部分停球朴实无华，不能引起别人的注意。停球的部位有很多。从理论上讲只要不用手和手臂停球，所有的部位触球都是不犯规的。人们常用的停球部位通常有脚底（图 4-5）、脚内侧（图 4-6）、脚外侧（图 4-7）、脚背正面、

图 4-5 脚底停球位置示意图

大腿、胸部和头。

图 4-6　脚内侧停球位置示意图

图 4-7　脚外侧停球位置示意图

（一）动作要领

尽量正对来球方向，膝关节微屈，在触球的一瞬间顺势将脚后撤，将球停向接球前预想的方向。停球后身体迅速转向停球方向，进行下一个动作的连接。在停高空球时要优先选位，在球弹地的一瞬间用脚将球停下。

（二）学练方法

（1）自己将球抛向高空后，迅速停球。

（2）两人一组各种距离的传停球练习。

（3）四角传球，将球停向下一名同伴的方向。

四、头顶球

头顶球是足球比赛中处理高空球时最常用的方法。它可以进行高空球解围，头球摆渡传球，更可以完成高空球抢点头球射门。如果头球技术出色，有可能改变一场比赛的局面，掌握球场的制空权。

拓展阅读

1972 年 6 月 23 日，齐达内出生在法国的马赛，曾代表法国队三次参加世界杯，获得一次冠军、一次亚军。职业生涯效力于尤文图斯、皇家马德里等豪门球队。在 1998 年世界杯决赛中，第 27 分钟、第 45 分钟，齐达内用头球连下两城。最终，法国队 3∶0 取胜巴西队。

（一）动作要领

准备头顶球时，下颚微收，双手自然张开，以保持平衡（图4-8）。顶球时通过脚蹬地和腰腹发力的方式（图4-9），用前额将球顶出（图4-10）。在争夺高空球时，则要事先预判好落点，充分起跳。同时注意在空中保持平衡。

图4-8 头顶球准备姿势示意图

图4-9 头顶球发力动作示意图

图4-10 头顶球触球部位示意图

（二）学练方法

（1）一人抛球一人顶球练习。

（2）三人一组，一人抛球一人顶球，将球顶给另一名同伴。

（3）在门前侧向抛球，头球射门练习。

（4）踢高空定位球后，顶球练习。

第三节 比赛阵型

一、比赛阵型简介

当进入中职年龄段（即16～18岁），是由青少年向成人过渡的重要阶段。在这一年龄段中，应该进行标准的11人制的比赛。由于比赛场地较大，势必就要对全队进行明确的分工。在一般的概念中，足球运动员通常分为守门员、后卫、中场和前锋4个位置。人们在描述阵型时，是指除去守门员，从后卫线向前锋线开始计算出的阵型描述方法。如果球队有 4 个后卫、3 个中场和 3 个前锋，那么阵型就表述为 4-3-3。但随着现代足球的发展，球员的分工越来越细致。尤其是在中场区域，有很多球队将中场队员分别定义为进攻型中场和防守型中场。由此，便产生出了 4 条线的阵型。如果球队安排 4 名后卫、2 名防守型中场、3 名进攻型中场和 1 名前锋，那么阵型就描述为 4-2-3-1。

如何在比赛中选择阵型，是根据球队自身队员的特点和对手的实力情况来决定的。从进攻的角度来说，如果球队擅长边路进攻，就可以安排 4-3-3 的进攻型阵型。如果擅长中路进攻，则可以选择 4-3-1-2 或者 4-2-2-2 的阵型。从防守方面来说，如果防守较差或者进攻不利，就可以选择 5-4-1 或者 5-3-2 的防守阵型。当然，比赛的阵型不是一成不变的。在场上根据场面的变化，灵活调整阵型才是取胜之匙。

二、位置介绍

（一）中锋

中锋是前锋的一种，是全队进攻的尖刀和主要得分手。活动范围主要在前场对方禁区附近，是足球场上最靠近对方球门的人。进球是中锋最主要职责，门前的嗅觉一定要灵敏，双脚射门和头球射门样样精通。同时要具备一定的策应进攻能力。

（二）二前锋

二前锋又名影子前锋，位置在中锋之后。在进攻中，紧跟在前锋身后或一侧做无球跑动，就像是埋伏在中锋身后的影子杀手。其特点介于中锋和前腰之间。

（三）边锋

边锋也是前锋的一种，主要活动区域在前场的两个边路。边锋不仅需承担起边路进攻的职责，而且通过交叉换位要完成多种战术任务。边锋最大的优势就是速度、突破和传中。

（四）前腰

前腰是中场位置的一种，也称为"突前前卫"，标准站位于前锋身后，负责为前锋输送进攻的炮弹，组织二次进攻。前腰的人选需要有良好的控球技术、开阔的视野和极佳的大局观，位置相对于前卫队员更加靠近对手的禁区。

（五）前卫

前卫位于中场，球队进攻时前卫是球队衔接后防组织进攻的基础，同时也是控制比赛节奏的核心，把握时机为前场队员制造机会，协助前场队员进攻；球队防守时，进行中场拦截，协助球队防守。因此，前卫在球队中起着攻防转换的作用，是一支球队的核心位置。这个位置队员最明显的特点就是攻守平衡。

（六）边前卫

边前卫：边前卫分为防守型和助攻型，其特点就是攻防兼备。除履行部分边锋的进攻职责外，还要具备一定的防守能力，在中场的边路地带要有一定的阻截能力。

（七）后腰

后腰，又称"防守型中场"，中后卫和前卫之间，主要任务是协助球队防守，是后卫线前的最后一道防线。后腰的身体一定要强壮，并拥有很好的耐力。同时需要一定的远射能力。

（八）边后卫

边后卫是后卫的一种。边后卫讲究攻守平衡，一个好的边后卫既能及时阻止对方边锋的突破，又能及时助攻制造机会，所以边后卫也需要很好的体力，能及时插上，也能及时回来防守。而且，边后卫还要有一定的速度，助攻时能突破对方的防线，防守时能避免边锋用速度硬攻。

（九）中后卫

中后卫是门将前面的最后一道防线。防守几乎是中后卫的全部职责。一名优秀的中后卫最重要的就是位置感。一般中后卫身材都比较高大，正面防守能力和对抗能力较强。

（十）门将

门将是球门前的最后一道防线，也是在所有球员中唯一一个可以用手触球的球员。

三、打法体系

（一）5-4-1 阵型

灵活的 5-4-1 阵型可以结合 5-2-3 和 3-4-2-1 阵型的变化（图 4-11）。在前场获得球权时，两名进攻型前卫迅速变为边锋，加强边路进攻。在需要整体压上进攻时，两名边后卫位置前提，变为边前卫。

5-4-1 阵型

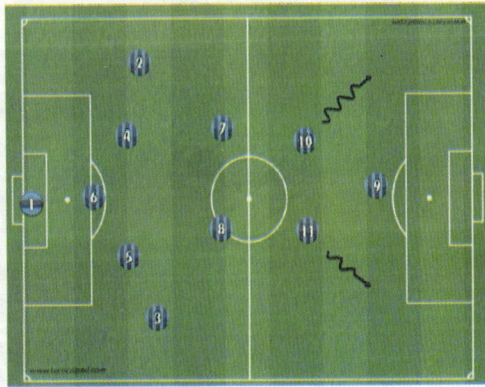

5-2-3 阵型

图 4-11　5-4-1 阵型打法体系

第四章 足 球

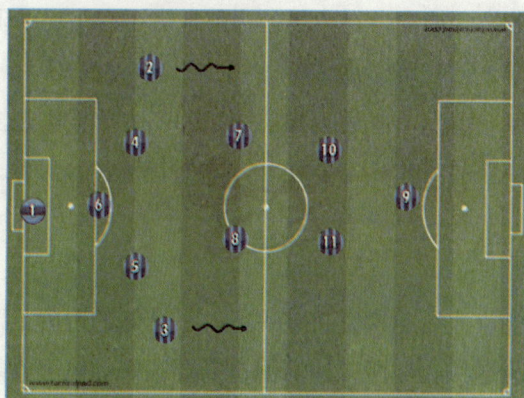

3-4-2-1 阵型

图 4-11　5-4-1 阵型打法体系（续）

（二）4-4-2 阵型（前锋前后站位）

4-4-2 阵型可以结合 4-2-3-1 和 4-3-3 阵型的变化（图 4-12）。两名前锋轮流后撤拿球，使对方中后卫失去防守目标。后撤的球员可以变为前腰位置，如果倾向于中场控球可变为 4-2-3-1，如果倾向于全力进攻，拉开进攻宽度，可变为 4-3-3。

4-4-2 阵型

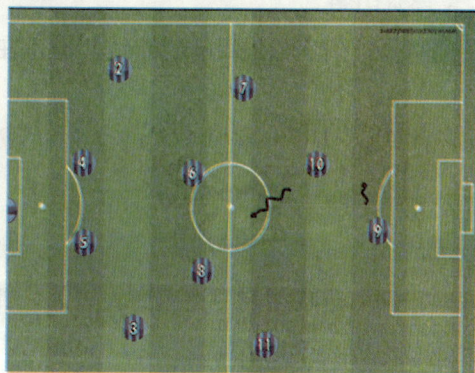

4-2-3-1 阵型

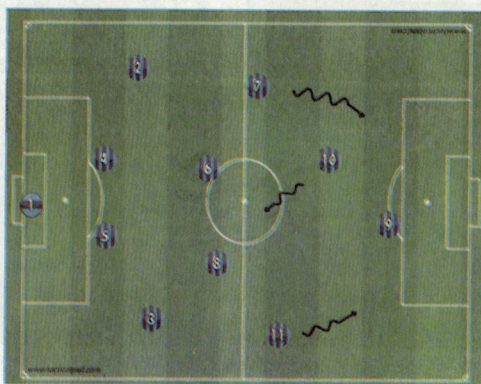

4-3-3 阵型

图 4-12　4-4-2 阵型打法体系

（三）3-5-2/3-3-2-2 阵型（图 4-13）

在 3-5-2 阵型中有 1 名自由人，依据比赛情况选择在后卫身前或身后。如果来到后卫身前，可变为后腰位置加强中场的深度。此时两名攻击型前卫可以把更多的精力用于组织进攻，阵型随之变为 3-3-2-2 阵型。如果来到后卫身后，可以对后防线起到保护作用，但不适宜在造越位战术中使用。

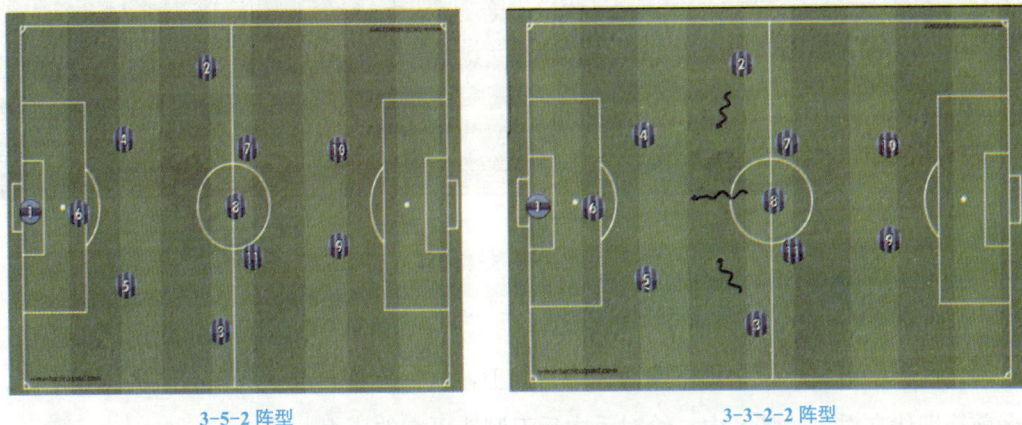

3-5-2 阵型　　　　　3-3-2-2 阵型

图 4-13　3-5-2/3-3-2-2 阵型打法体系

（四）3-4-2-1 阵型（图 4-14）

这一阵型具有明确的位置职责。每名队员都有固定的位置区域，极少有相互之间的换位，比较适合初学者使用。

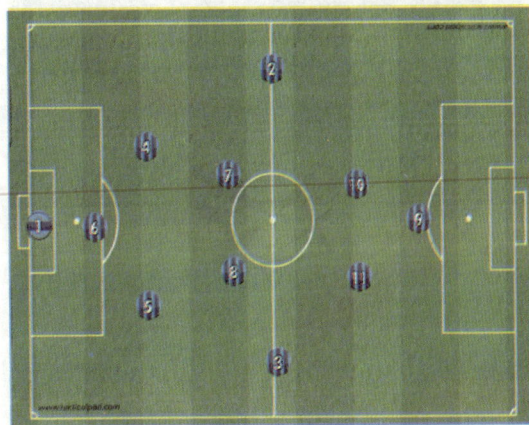

3-4-2-1 阵型

图 4-14　3-4-2-1 阵型打法体系

（五）4-3-2-1/4-5-1 阵型（图 4-15）

进攻时运用 4-3-2-1 阵型，也俗称"圣诞树"阵型。进攻方向更偏向于中路。依靠中场中路队员的灵活配合辅以两名边后卫的插上助攻撕开对手防线。防守时则转化为 4-5-1

61

阵型前锋在前场对对方进行干扰，其余队员则全部落位参与防守。

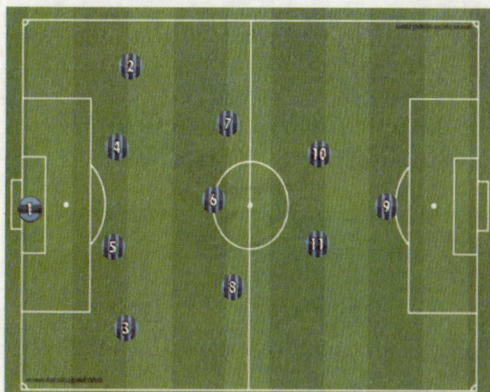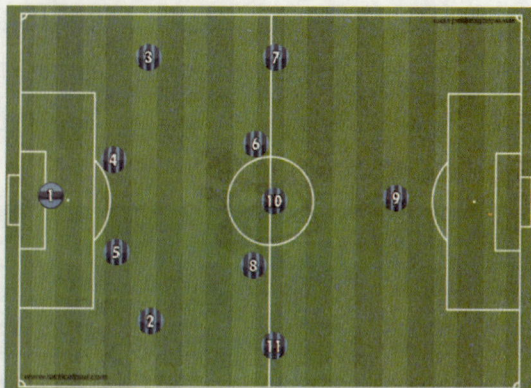

4-3-2-1 阵型　　　　　　　　　　　4-5-1 阵型

图 4-15　4-3-2-1/4-5-1 阵型打法体系

（六）4-4-2（图 4-16）

两名前锋平行站位，中场中路两人均是前卫，这一阵型要求中场 4 名队员攻守平衡。两名前锋埋伏在对方的禁区内，给对手中后卫制造更大的压力。

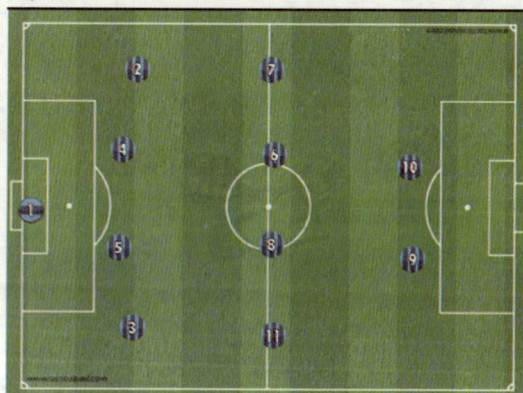

4-4-2 阵型

图 4-16　4-4-2 阵型打法体系

第五章 乒乓球

乒乓球运动是我国广大人民群众和青少年儿童喜爱的体育项目之一，具有广泛的群众基础，被人们誉为"国球"。"以球会友""小球推动大球""乒乓外交"这些都说明了乒乓球运动不仅是一项体育运动，而且是丰富人民文化生活，增加人民之间的友谊和团结，促进精神文明的一种手段。乒乓球和球拍如图 5-1 所示。

图 5-1 乒乓球和球拍

第一节 乒乓球运动概述

一、乒乓球运动的起源与发展

乒乓球运动于 19 世纪末起源于英国，流行于欧洲，最早称为"Table Tennis"。从这个命名就可以看出，网球是乒乓球运动的前身。1900 年左右出现了赛璐珞制的球，由于拍与球撞击时发出"乒"而落台时发出"乓"的声音，故而又称"乒乓球"。

1959 年乒乓球运动员容国团为中国夺得了第一个世界冠军，使世界瞩目、国人振奋。此后，中国的乒乓运动在几代体育人的不懈努力下，保持长盛不衰。

知识窗：

　　我国在世界乒乓球三大赛事（世锦赛、世界杯赛、奥运会）中金牌数和奖牌数均居世界第一位。2008年北京奥运会，中国国乒队包揽了单打比赛全部6枚奖牌。如此惊人的成绩迫使奥委会修改规定，将各国参加奥运乒乓球单打比赛的人数限制在两人。此后的2012年伦敦奥运会上，中国根据规定派出两名男运动员、两名女运动员参加乒乓球单打的比赛，将该项目的两金两银收入囊中。而在里约奥运会上，乒乓球男单和女单冠军的角逐又再次发生在中国队内部。

　　这样的成绩，任何国家都难以逾越。这些骄人的成绩，充分激发了国人的民族自豪感。

二、乒乓球运动的价值

（一）健身价值

　　经常参加乒乓球运动，可增强体质，促进身体的全面发展。打乒乓球时必须思想集中，反应迅速。神经系统的反应能力能提高人的机智灵活、动作迅速和促进人体各方面的协调性和灵敏性。同时能有效地改善心血管系统的功能。

（二）教育价值

　　通过乒乓球运动，可以培养人们良好的道德风尚和陶冶情操，通过锻炼和比赛，还能培养顽强的拼搏精神和优良的意志品质，从而提高人体身心素质。

三、乒乓球运动的比赛规则

（一）发球

　　（1）发球开始时，球自然地置于不持球拍手的手掌上，手掌张开，保持静止。

　　（2）发球时，发球人须用手将球几乎垂直地向上抛起，不得使球旋转，并使球在离开不执球拍手的手掌之后上升不少于16厘米，球下降到被击出前不能碰到任何物体。

　　（3）当球从抛起的最高点下降时，发球人方可击球，使球首先触及本方台区，然后越过或绕过球网装置，再触及接发球人的台区。双打中，球应先后触及发球员和接发球人的右半区。

　　（4）从发球开始，到球被击出，球要始终在台面以上和发球人的端线以外，而且不能被发球人或其双打同伴的身体或衣服的任何部分挡住。

（5）在运动员发球时，球与球拍接触的一瞬间，球与网柱连线所形成的虚拟三角形之内和一定高度的上方不能有任何遮挡物，并且其中一名裁判员要能看清运动员的击球点。

（二）击球

对方发球或还击后，本方运动员必须击球，使球直接越过或绕过球网装置，或触及球网装置后，再触及对方台区。

（三）失分

（1）未能合法发球；

（2）未能合法还击；

（3）击球后，该球没有触及对方台区而越过对方端线；

（4）阻挡；

（5）连击；

（6）用不符合规则条款的拍面击球；

（7）运动员或运动员穿戴的任何物件使球台移动；

（8）运动员或运动员穿戴的任何物件触及球网装置；

（9）不执球拍手触及比赛台面；

（10）双打运动员击球次序错误；

（11）执行轮换发球法时，发球一方被接发球一方或其双打同伴，包括接发球一击，完成了 13 次合法还击。

（四）一局比赛

在一局比赛中，先得 11 分的一方为胜方；10 平后，先多得 2 分的一方为胜方。

（五）一场比赛

单打的淘汰赛采用七局四胜制，双打淘汰赛和团体赛采用五局三胜制。

第二节　基本技术

乒乓球运动的基本技术主要由上肢的基本手法和下肢的基本步法两大部分组成。

上肢的基本手法又由握拍、发球和击球 3 个技术部分组成；下肢的基本步法则由基本站位、近台、中台、远台组成。在这里简单的介绍乒乓球的几个基本技术。

一、握拍法

乒乓球握拍方法分直拍握法和横拍握法两种，不同的握法各有其优点，从而产生各种不同的打法。

（一）直拍握法（图5-2）

直拍握法的特点是正反手都用球拍的同一拍面击球，出手快，正手攻球快速有力，功斜、直线球时，拍面变化不大，对手难以判断。但反手击球时，因受身体妨碍而不易发力，调节拍形因受握法的限制也较为困难，防守照顾面较小，目前，已有选手反手攻球时用另一面击球。亚洲选手普遍采用直拍握法。

（二）横拍握拍法（图5-3）

横拍握拍法的特点是正反手攻球力量大，攻削球时握法变化小，反手攻球容易发力也便于拉弧圈；但正反手交替击球时，需变换击球拍面，攻斜、直线球时调节拍形的幅度大，易被对方识破。正手攻台内球时较难掌握，处理追身球也有一定的难度。国内、外许多优秀选手都是横握球拍者。横拍握法如同人们见面时握手一样，中指、无名指和小指自然握住拍柄，虎口贴住拍肩，大拇指在球拍的正面位于中指旁边，食指自然伸直斜放于球拍的背面。正手攻球时，食指稍向上移动；反手攻球时，拇指稍向上移动。

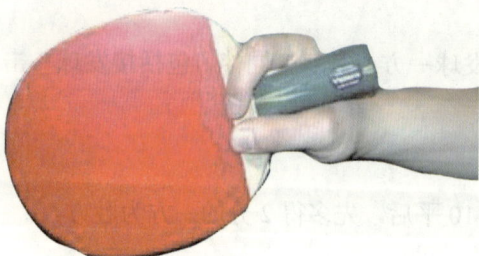

图5-2 直拍握法　　　　　　　　图5-3 横拍握拍法

二、发球

发球分正手发球和反手发球，根据球的高度和落点又分为网前小球和高远球，当然也有平高球、平快球的方式，因为用得少，所以主要介绍正手发高远球和反手发网前球。

（一）正手发球（图5-4）

动作要领：右脚稍后，身体稍向左转，右手持拍于身前向上抛起后，持拍手随即向右后上方引拍，击球时

图5-4 正手发球

前臂左前方挥动，拇指压拍，拍面稍前倾并略向左偏斜，球侧中部向中上部摩擦，击球后，前臂和手腕随势向前挥动。

它的主要特点是球速急、落点长、冲力大，对对方威胁较大。

（二）反手发急球与发急下旋球（图5-5）

动作要领：右脚稍前，身体稍向左转，右手持拍于身体左侧；击球时，持拍手以肘关节为中心，前臂向前方横摆发力击球，拍面稍向前倾，击球的中上部；击球后，前臂和手腕随势向前挥动。发急下旋球时，大拇指用力压拍的左肩，使拍面稍后仰；触球前，稍向左后上方引拍；当球下降低于网时前臂快速向前下方用力，拍面触球的中下部，触球瞬间，手腕附加爆发式下切动作。

图5-5　反手发急球

它的特点是球速快、弧线低、前冲大，迫使对方后退接球，有利于抢攻，常与发急下旋球配合使用。

（三）发短球

动作要领：主要靠手腕和前臂摩擦发力，控制向前的力量。

它的特点是击球动作小，出手快，球落到对方台面后的第2点跳不出台，使对方不易发力抢位、冲或抢攻。

（四）正手发转与不转球

动作要领：向后上方引拍，身体稍向右转，前臂同高，拍柄朝下（手腕外展），拍面略后仰，击球时前臂快速向前下方挥动并略外旋，手腕内收发力，摩擦球的中下部。

它的特点是球速较慢，前冲力小，主要用相似的发球动作，制造旋转变化来迷惑对方，造成对方接发球失误或为自己抢攻创造机会。

（五）正手发左侧上（下）旋球

动作方法：右脚在后，持拍手向右上方引拍，手腕略外展，拍面稍向左，击球时，手腕和手臂迅速由右向左挥动。

它的特点是左侧上（下）旋转力较强，对方挡球时向其右侧上（下）方反弹，一般站在中线偏左或侧身发球。

学练方法：

（1）先斜线，后直线，再斜、直线结合；

（2）先长后短，再长、短结合；

（3）先不定点，再定点；

（4）向特定的区域发球；

（5）发球速度先慢后快；

（6）先低抛再高抛。

三、推挡球

快推动作要领：近台站位，击球时肘关节贴近身体、前后拉动。挥拍向前方偏上，拍形稍前倾，在球的上升期击球的中上部，随势挥拍，快速还原（图5-6）。

图5-6　推挡球

学练方法：

（1）左方斜线对推练习。

（2）左方直线推挡练习。

（3）推挡对左推右攻（推—斜—直）。

（4）推2/3或全台对正手攻。

（5）左方斜线快推、加力推、减力挡综合练习。

（6）推挡变线。

四、攻球

（一）正手近台攻球（图5-7）

动作要领：挺胸收腹击球前，引拍至身体右侧，球拍横状，拍面稍前倾，上臂与身体约成60°，前臂与地面基本平行，击球时手臂由右侧向左前上方挥动，前臂加速内收（上臂与前臂的夹角变下），拇指压拍，食指放松，击球瞬间配合手腕内转发力，在来球上升期击球中上部，击球后随势挥拍至头部左

图5-7　正手近台攻球

侧。前臂和手腕近于成直线并与台面接近平行，击球时，前臂和手腕稍向前上方用力，其他与直拍攻球相似。

（二）反手近台攻球

动作要领：

直拍反手攻球：两脚平行站立（或右脚稍前）双膝微曲，上体略左侧，引拍至腹前左

侧,上臂击球过程中要注意收腹、转髋转腰,以肘关节保持适宜的击球点为轴心,前臂发力为主,手腕有一向前上方摩擦球的动作尤为重要,离身体远或太近难以发力。

学练方法:

(1)正手攻斜线、直线。

(2)2/3台、全台跑正手攻。

(3)正手近台、中远台攻球结合。

(4)正手斜线对敌。

(5)推挡侧身正手攻球(斜、直线)。

(6)正手拉斜、直线。

拓展阅读

刘国梁从6岁开始学打乒乓球,1989年入选国青队,1991年入选国家队。运动员时代的刘国梁多次获得男子单打世界冠军,并与队友合作获得过男子双打世界冠军、混合双打世界冠军,作为主力队员多次与队友一起获得男子团体世界冠军,是首位在正式比赛中采取直拍横打技术并取得成功的乒乓球手,是中国乒乓球历史上第一位集奥运会、世乒赛、世界杯冠军于一身的"大满贯"得主。现任中国乒乓球协会主席。

第六章 羽毛球

羽毛球运动是一项比较好开展的具有很好锻炼价值的体育健身运动，具有很高的趣味性与观赏性。对于这项运动，多数学生对其了解得并不全面。本章将给大家全面、准确地介绍这项运动。

第一节 羽毛球运动概述

羽毛球是一项在室内外均可进行的小型球类运动。比赛时，一人或两人为一方，中间隔一网，用球拍经网上往返击球，使球落到对方的场地上，或使对方击球失误而得分。

相较于性质相近的网球运动，羽毛球运动对选手的体格要求并不很高，却比较讲究耐力，极适合东方人。因此，在羽毛球国际赛场上，亚洲球队和球员有着霸主地位。

一、羽毛球运动的起源与发展

现代羽毛球运动诞生于英国。1873 年，在英国格拉斯哥郡的伯明顿镇有一位名为鲍弗特的公爵，在他组织的游园会上，有几个从印度回来的退役军官就向大家介绍了一种隔网用拍子来回击打毽球的游戏，人们对此产生了很大的兴趣。因此，这项极富趣味性的活动很快就传播开来。

该项运动大约于 1920 年传入我国，最初在上海、广州、天津、北京等城市的教会组织的青年会、大学里开展过羽毛球运动，新中国成立后，以王文教、陈寿福为代表的第一批华侨回国，带回了羽毛球的先进技术，全面推动了我国羽毛球运动的发展。

20 世纪 80 年代是我国羽毛球运动最辉煌的时期，是世界羽毛球运动的"中国时代"。在系列大奖赛决赛中，我国女选手 7 次夺金，男选手 6 次夺冠。

20 世纪八九十年代，我国选手分别参加了世界羽毛球锦标赛、世界杯羽毛球赛和全英羽毛球锦标赛等系列大奖赛，共 70 多次获得单项冠军。截止到 2018 年，中国羽毛球获得奥运会 10 块金牌，多次获得汤姆斯杯、尤伯杯、苏迪曼杯世界羽毛球团体赛冠军。

二、羽毛球运动的比赛规则

（一）羽毛球比赛计分方法

（1）21 分制，3 局 2 胜。

（2）每球得分制。

（3）每回合中，取胜的一方加 1 分。

（4）当双方均为 20 分时，领先对方 2 分的一方赢得该局比赛。

（5）当双方均为 29 分时，先取得 30 分的一方赢得该局比赛。

（6）一局比赛的获胜方在下一局率先发球。

（二）赛间休息与换边规则

（1）在一局比赛中，当领先的一方达到 11 分时，双方有 60 秒休息时间 .

（2）在两局比赛间，双方有 2 分钟的休息时间。

（3）在决胜局的中，当领先的一方达到 11 分时，双方交换场地。

（三）单打羽毛球比赛规则

（1）在一局比赛开始时（比分 0∶0）或发球方得分为偶数时，发球方在右半场进行发球。当发球方得分为奇数时，在左半场进行发球。

（2）如果发球方取得 1 分，那么下一回合其继续发球。

（3）如果接发球方取得 1 分，那么下一回合其成为发球方。

（四）双打羽毛球比赛规则

（1）与单打一样，发球方得分为偶数时，发球方在右半场进行发球。当发球方得分为奇数时，在左半场进行发球。

（2）如果发球方取得 1 分，那么下一回合其继续发球，且发球人不变。

（3）如果接发球方取得 1 分，那么下一回合其成为发球方。

（4）当且仅当发球方得分时，发球方的两位选手交换左右半场。

（五）羽毛球场地标准尺寸（图 6-1）

（1）羽毛球球网长 6.10 米、宽 0.76 米。

（2）从球场地面起，网柱高 1.55 米。

（3）场地中央网高 1.524 米。

（4）双打线处网高 1.55 米，长 13.40 米，双打宽 6.10 米，单打宽 5.18 米。

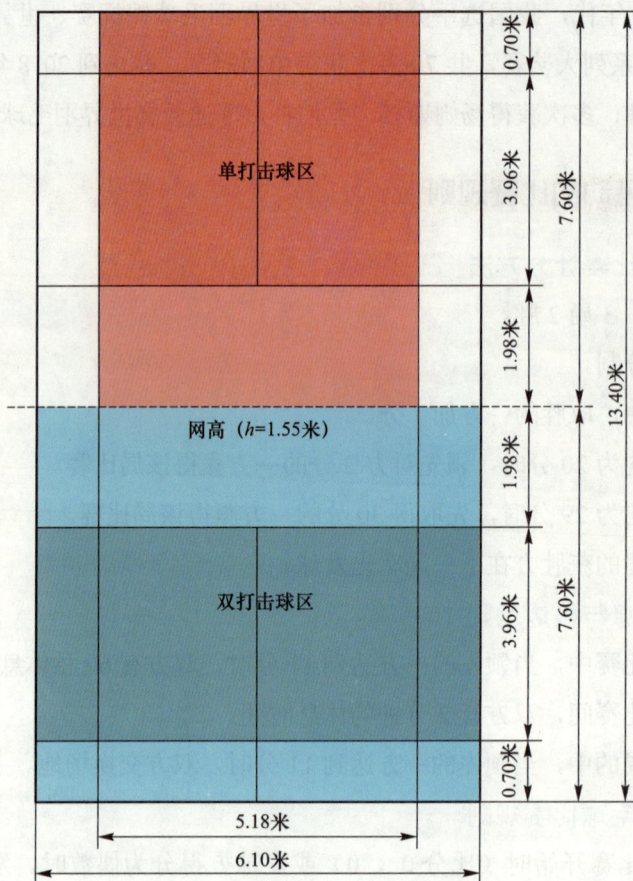

图 6-1 羽毛球场地标准尺寸

（六）羽毛球团体赛规则

按照苏迪曼杯的规则是男单，女单，男双，女双，混双。顺序可一双方协议定，但是选手不能兼项，就是不能一人参加两项。每项都是三局两胜，每局 21 分。五场三胜制。

（七）发球违例

（1）未将球发在相应的区域内。

（2）球挂在网上或停在网顶。

（3）球过网后挂在网上。

（4）发球时击球点不能过腰（击球点不能超过 1.15 米）。

（八）羽毛球发球区域

单打发球有效区域为图 6-2 中的蓝色区域。

双打发球有效区域为图 6-2 中的绿色区域。

（九）羽毛球半场边线

单打时，半场边线有效范围是图 6-3 中的蓝色区域。

双打时，半场边线有效范围是图 6-3 中的绿色区域。

图 6-2　羽毛球发球区域　　　　图 6-3　羽毛球半场边线

第二节　基本技术

羽毛球运动的基本技术主要由基本手法和基本步法两大部分组成。

基本手法又包括握拍、发球和击球 3 个部分；基本步法则由站位、上网、左右移动和后退步等步法组成。在这里简单地介绍羽毛球的几个基本技术。

一、握拍法

（一）正手握拍（图 6-4）

动作要领：用五指握住球拍拍柄的中下部，手指放松，掌心和拍柄之间要有间隙，小臂为轴，手腕能够左右转动来带动球拍转动。

（二）反手握拍（图 6-5）

动作要领：反手握拍是在正手握拍的基础上，拍柄稍向外转，食指收回来，拇指第一关节紧贴在球拍柄内侧的宽面上，柄端靠近小指根部，手心要留有空隙。

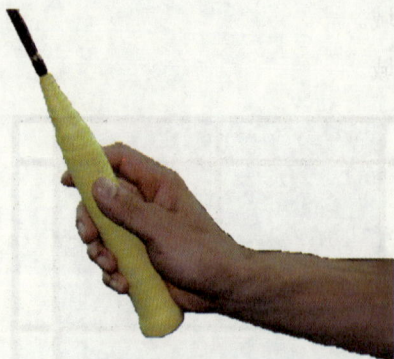

图 6-4　正手握拍

图 6-5　反手握拍

知识窗：

历史上最悠久的羽毛球赛事是什么？

全英羽毛球锦标赛是历史上最悠久的羽毛球赛事，由英格兰羽毛球协会于 1899 年创办。最初由英国和英联邦国家选手参加，现在已成为全球性的羽坛大会战。

二、发球

发球分正手发球和反手发球，根据球的高度和落点又分为网前小球和高远球，同时还有平高球、平快球等，在比赛中应用很少，所以主要介绍正手发高远球和反手发网前球。

（一）正手发高远球

1. 动作要领

（1）预备姿势：手持球腰部位，正手握拍。两脚前后站立，前脚脚尖垂直于球网，后脚脚尖几乎垂直于边线，不要踩线。

（2）发球动作（图 6-6）：重心是在后脚上。持球手放球，持拍手大臂带动小臂同时小臂带动手腕发力，击球时，手腕带动手指发力，击球动作完成之后，球拍随着惯性收于持球手侧肩膀处。重心则随着移动，由后脚移动到前脚。球的弧线要高，要落到对方发球区内后沿附近。

图 6-6　正手发高远球

2. 学练方法

（1）模仿练习。模仿蹬地—转髋—挥拍动作，要求右脚蹬地左脚支撑，蹬地转髋加大幅度，反复练习，体会蹬地转髋挥臂动作的用力感觉。

（2）手腕击球的练习。练习者原地连续正手颠球练习，体会大臂带动小臂，小臂带动手腕鞭打击球，要求击球时发力，把球打向高处。

（3）两人一组做下手击球对打练习，要求弧线高击球远，用力协调。

（4）落点练习。在发球区内向对方区域练习发高远球，体会球的落点在对方发球区内后沿附近，要求用力协调，球的落点准确，弧线高。

（二）反手发网前球（图6-7、图6-8）

1. 动作要领

（1）预备姿势：站在接近前发球线，两脚前后站立，重心在前脚，反手握拍法将拍持于腹前，屈肘，手腕微屈，持球手捏住球的羽毛，放在球拍前。

（2）击球动作：前臂向前带动手腕微伸向前摆动，用球拍将球弹击向前推送球贴网而过，球落在对方发球区内前发球线附近。

图6-7 反手发网前球动作

图6-8 反手发网前球

2. 学练方法

（1）用羽毛球球拍转"8"字，也可以用装水的瓶子转"8"字。瓶子可大可小，水也不是全灌满。体会手腕灵活发力。

（2）持拍模仿练习、体会预备姿势站位及用力顺序。

（3）反手持拍连续颠球练习、体会发球力度。

（4）反手连续发网前球练习、体会球的落点。

拓展阅读： **羽毛球强心又减肥**

羽毛球是一种全身性的运动。运动者在场地上不停地进行脚步移动、跳跃、转体、挥拍，因此，可以增加上肢、下肢和腰部肌肉的力量，加快锻炼者全身血液循环，增强心血管系统和呼吸系统的功能。据统计，大强度羽毛球运动者的心率可达到每分钟160～180次，中强度羽毛球运动者的心率可达到每分钟140～150次，低强度羽毛球运动者的心率也可达到每分钟100～130次。

三、击球

击球有很多种方法，有击高远球、杀球、吊球搓球、推球扑球、钩球、挑球等，这里主要介绍击高远球、杀球、吊球等。

（一）击高远球（图6-9、图6-10）

击高球是后场击球技术之一，击高远球就是把球打得又高又远，球飞至对方场地内接近底线位置，是进攻和防守反击的有效技术之一。

图6-9 击高远球动作

1. 动作要领

（1）引拍：两脚前后开立，持拍击球手臂一侧，由下肢开始，向后转体侧身，同时将球拍向肩膀后上方举起，身体与大臂、大臂与小臂成90°左右角。举起球拍准备击球。

（2）击球时蹬地转体引拍：从持拍一侧由脚下发力，转髋带动身体前转，身体带动大臂向前转动，同时顶肘上提，带动小臂手腕做鞭打动作，向肩膀上方快速挥出，同时要握紧球拍，击球。

（3）将球拍顺势自然向身体的另一侧收拍。

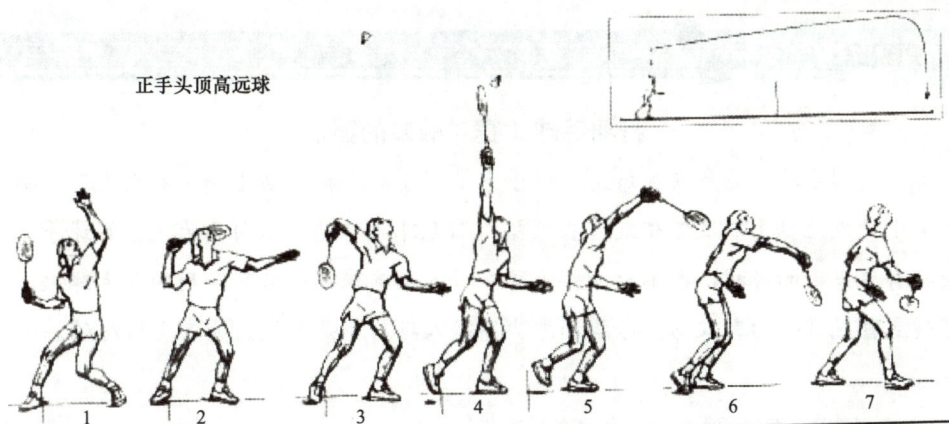

正手头顶高远球

1.看球 2.摆臂，转髋！3.肘部展开，内旋。4.伸开手臂，头顶击球。5.右肩向前，左臂回带。回到中心位置。6.停止摆臂

图 6-10　击高远球动作要领

拓展阅读

　　尤伯杯赛又称为"世界女子羽毛球团体锦标赛"。第 1 届尤伯杯赛是于 1957 年在英国兰开郡举办的。1984 年，中国女子羽毛球队首次参加尤伯杯赛就以其高超的技艺、快速多变的打法，以 5 : 0 的相同比分，分别击败印尼、日本、丹麦、韩国和英格兰等强手，一举夺得第 10 届尤伯杯赛冠军，第一次登上了世界女子羽毛球团体冠军的宝座。之后，从 1986 年至，今中国女子羽毛球队又连续夺得第 11、12、13、14、17、18、19、20、21、22、24、25、26 届尤伯杯赛的冠军，历史上 14 次夺取尤伯杯。

2. 学练方法

　　（1）模拟击球练习，从准备动作到击球再到击球后跟进动作。每个阶段分解练习，熟练后再做完整个击球动作练习。

　　（2）模拟转身练习，双脚开立，双臂自然下垂并随腰绕动，反复练习，体会蹬地转身感觉。

　　（3）击球点练习，将球固定悬挂至身体充分向上伸展时拍面击中的"甜区"位置，然后模拟挥拍，动作由慢至快，反复击打悬挂球，体会鞭打最高点击球时肌肉的感觉。

　　（4）多球练习，让练习者移动到位击球。由原地完成动作到移动完成动作。

知识窗：

打羽毛球比赛对服装的要求

　　标准的羽毛球比赛穿戴应该是男球手穿带领子的半袖运动 T 恤衫和羽毛球短裤；女球手穿中袖或无袖上衣及短裙或连衣短裙。羽毛球服饰通常以白色为主。男球手注意：即使拥有魔鬼般的身材，也不要赤膊上阵。进入羽毛球场一般穿专用的羽毛球鞋，不允许穿硬底鞋或带钉的鞋入场；赤脚和赤脚穿鞋入场打球是会被认为有失雅观的。

（二）杀球（图 6-11）

　　（1）动作要领：准备姿势和动作要领与正手击高远球大体相同。击球时向持拍手身体上方引拍，身体后仰成反弓形。持拍臂往后上摆起，手腕后屈，击球时蹬地转体收腹带动上臂往上摆起，肘部领先，前臂带动球拍由上往下挥动，前臂内旋，屈腕发力杀球。击球时把手腕的爆发力集中到击球点上。

　　（2）学练方法与击高远球相同。

图 6-11　杀球

拓展阅读

　　林丹是我国著名的羽毛球运动员，1983 年 10 月 16 日出生于福建龙岩；2008 年北京奥运会和 2012 年伦敦奥运会男子单打冠军；是羽毛球史上第一个集奥运会、世锦赛、世界杯、亚运会、亚锦赛、全英赛冠军以及集世界羽联超级系列赛冠军于一身的全满贯球员。

（三）吊球

吊球是打到对方前场向下坠落的球。吊球技术分为正手、反手和头顶 3 种方法，吊球分为劈吊、拦截吊和轻吊。吊球动作与击高远球、杀球相似。击球时用力较轻，带有劈切动作，落点一般离网较近。击球时拍面正对来球，在触球的刹那，突然减速或轻切来球，使球刚一过网即下坠。

学练方法与击高远球相同。

知识窗：

　　羽毛球是世界上最快的球类运动。傅海峰杀出的 332 千米 / 小时是目前最快的杀球纪录，几乎到达 F1 赛车的最快速度。

第七章　网　球

网球运动是一项优美而激烈的体育运动，它那流畅的步伐、飘逸的挥拍、闪电般的击球、捉摸不透的吊球……极富观赏性，因此被冠以"贵族运动""高雅运动""文明运动"等美誉。

第一节　网球运动概述

一、网球运动的起源与发展

网球孕育在法国，诞生在英国，开始普及和形成高潮在美国，现盛行全世界，被称为世界第二大球类运动，与高尔夫球、保龄球、桌球并称为世界四大绅士运动。

1885 年前后，网球运动传入中国。新中国成立后，网球运动在起点低、基础差、交往少的情况下逐渐发展。在 2004 年雅典奥运会上，李婷和孙甜甜夺得女子双打冠军。2006 年澳大利亚网球公开赛上，郑洁和晏紫夺得女子双打冠军。

拓展阅读

在 2004 年雅典奥运会网球女子双打决赛中，中国选手李婷和孙甜甜以 2∶0 击败西班牙选手马丁内斯和帕斯奎尔，勇夺冠军。两盘的比分都是 6∶3。这是中国网球选手夺得的首个奥运冠军。

李娜是我国网球史上成就最辉煌的一人。

知识窗：

李娜，中国女子网球运动员。2008 年北京奥运会女子单打第四名，2011 年法国网球公开赛、2014 年澳大利亚网球公开赛女子单打冠军，亚洲第一位大满贯女子单打冠军，亚洲历史上女子单打世界排名最高选手。在李娜 15 年的职业生涯里，21 次打入 WTA 女子单打赛事决赛，并共获得了 9 个 WTA 和 19 个 ITF 女子单打冠军，职业生涯总战绩为 503 胜 188 负，并以排名世界第六的身份退役。

20 世纪 90 年代后，我国在上海举办大师赛、北京举办中网、珠海举办 WTA 年终总决赛等国际赛事。

知识拓展：

网球大满贯，就是获得网球赛事中的"温布尔登网球锦标赛、美国网球公开赛、澳大利亚网球公开赛、法国网球公开赛"这四大网球赛的所有冠军。金满贯，是指网球选手在职业生涯中获得所有四大满贯赛事的冠军和夏季奥运会网球项目的金牌。狭义上的金满贯又称为"年度金满贯"，要求四大满贯赛事冠军和奥运会金牌要在同一赛季内获得。由于奥运会是四年一届，而且直到 1988 年的汉城奥运会上网球才被列为正式比赛项目，所以赢得金满贯的机会是非常难得的。

二、网球运动的价值

（一）健身价值

网球运动作为隔网的健身运动项目，对增进人的体质、愉悦身心、发展智力、培养顽强意志品质具有良好的作用。身体素质是身体发育状况和生理功能状况的综合表现。长期的网球锻炼，可提高人的速度、力量、柔韧度、灵敏度等身体素质，从而提高人体的运动能力，对年龄较大的网球参与者而言可以大大延缓运动能力的下降过程。

（二）教育价值

网球是一项需要全身心投入的运动，若是单打比赛，场上只有自己和对手，所有的问题和难题都要自己面对和解决，从这一角度来说，网球运动也是一项智力对抗运动。每一场比赛中，选手都要努力了解对手的技术特点、习惯打法等，在比赛过程中又要根据比赛进程中出现的情况调整自己的打法。为了获得每一分，选手都要高度集中自己的精神，每球必争。在关键的局点、盘点或赛点分时，选手如何沉着应战，抓住机会，更是对网球运动员的重要考验。这时，如果球员的心理品质良好，就可能赢下关键分，反之则可能一败涂地。因此，经常参加网球比赛，有助于锻炼意志，培养自信和临危不惧等优良心理品质。

三、网球运动的比赛规则、场地与器材

（一）网球运动的比赛规则

学习和掌握比赛的基本规则与裁判法，增强对比赛的鉴赏能力，使网球的整体水平得到提高。

1. 单打比赛规则

（1）发球员与接球员：运动员应各自站在球网的一边，先发球的运动员称发球员，另一边的运动员称接球员，发球员必须在端线后中心标志和边线的假定延长线的区域内发球，而接球员可在自己一侧任意位置上接球。

（2）场地的选择：比赛之前，用掷硬币的方法来决定选择权，得胜者可首先选择场区、发球权、接发球权。如果选择了场地，对方就可选择发球或接发球；如果选择发球或接发球，对方则可选择场地。当然也可放弃优先选择权，而要求对方先行选择。

（3）发球动作：发球员在发球前，应先站在底线后中点和边线的假定延长线之间的区域里，然后用手将球向空中任何方向抛起，在球接触地面以前用球拍击球。只要球拍与

球接触，就算完成了球的发送。发球时，发球员不得向上抛起两个或两个以上的球，否则判重发。如果是故意的，应判发球失误。

（4）发球时间：发球员须待接球员准备好（做好还击姿势）后，才能发球，如接球员未做好准备，无论发出的球成功与否，都判发球失误。

（5）发球位置：每局比赛开始发球时，发球员应先从右区端线后发球，得或失分后，应换到左区发球，即双方比分之和为偶数时在右区发球，双方比分之和为奇数时则在左区发球。如果发球位置出现错误而未被察觉，比分仍然有效，一旦察觉，应立即纠正。

（6）发球次序：每一局比赛终了，接、发球员均要互换角色，直到比赛结束。如发现发球次序错误，应立即纠正，发现错误前双方所得的分数都有效。如发现前已有一次发球失误，则不予计算。该局比赛终了才发现次序错误，则以后的发球次序就以该局为始，按规定轮换。

（7）交换场地：双方应在每盘的第一、三、五等单数局结束后、每盘结束双方局数之和为单数时以及决胜局比分相加为6和6的倍数时交换场地，如果一盘结束时，双方局数之和为双数则不交换场地，须等下一盘第一局结束后再进行交换。如果发生未按正常顺序交换场地的错误，一经发现应立即纠正，按原来顺序进行比赛。

（8）发球失误：发球时如果出现发球脚误（触及或超过发球线）、未击中球、发出的球在地前触及固定物（球网、中心带、网边白布除外）等现象时，均判发球失误。

（9）发球无效：当合法的发球触及球网、中心带、网边白布后，仍落到对方发球区内时；当合法的发球触及球网、中心带、网边白布后，在落地前触及接球员的身体，均为发球无效。

（10）失分：如果出现下列情况，运动员将失分：

①发球员连续两次发球失误。

②在活球状态下，运动员在球连续两次触地时不能将球回击过网。

③在活球状态下，运动员回击的球在落地前触到有效击球区外的地面或其他物体。

④在活球状态下，运动员回击的球在落地前触到永久固定物。

⑤接球员在球没有落地前回击发球员发出的球。

⑥运动员故意用其球拍托带或接住处于活动状态中的球，或故意用球拍触球超过一次。

⑦在活球状态下，运动员或其球拍（无论球拍是否在他手中），或其穿戴的或携带的任何物品触到球网、网柱、单打支柱、网绳或钢丝绳、中心带或网带，或对手场地的地面。

⑧运动员在球过网前击球。

⑨在活球状态下，除了运动员手中的球拍以外，球触及运动员的身体或其穿戴的或携带的任何物品。

⑩在活球状态下，球触到了运动员的球拍，但球拍不在他的手中。

⑪ 在活球状态下，运动员故意并实质性地改变了球拍的形状。

⑫ 双打比赛中，在一次回击球时，同队的两名运动员都触到了球。

（11）第二发球：网球比赛规则规定，发球员每分都有两次发球机会。第一次发球失误后，应在原发球位置进行第二次发球。如第一次发球失误后，发觉发球位置错误，则应按规定改在另区发球，但只能再发一次球。

（12）压线球：落在线上的球都算界内球。

2. 双打比赛规则

（1）双打发球次序。每盘第一局开始时，由发球方决定由何人首先发球，对方则同样地在第 2 局开始时，决定由何人首先发球。第 3 局由第 1 局发球方的另一球员发球。第 4 局由第 2 局发球的另一球员发球。以下各局均按此秩序发球。

（2）双打接球次序。先接球的一方，应在第 1 局开始时，决定何人先接发球，并在这盘单数局，继续先接发球。对方同样应在第 2 局开始时，决定何人接发球，并在这盘双数局继续先接发球。他们的同伴应在每局中轮流接发球。

（3）双打还击。接发球后，双方应轮流由其中任何一名队员还击。如运动员在其同队队员击球后，再以球拍触球，则判对方得分。

（二）网球运动的场地与器材

（1）网球场：网球场（图 7-1）分为单打场地和双打场地。标准的单打场地长 23.77

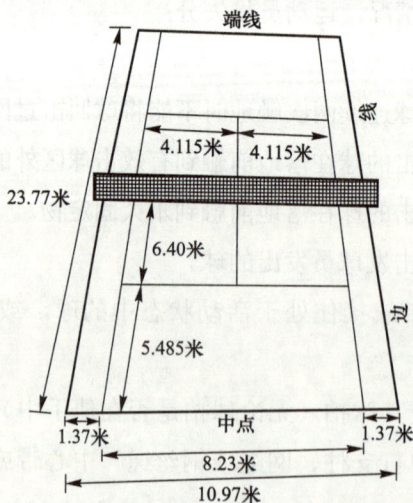

图 7-1 标准网球场

米（78英尺），宽8.23米（27英尺）。双打场地长也是23.77米，宽为10.97米（36英尺）。球场两端的界线称为端线，球场两边的界线称为边线，场地中距球网6.40米（21英尺）与球网平行的横线称为发球线，连接两边发球线中点的直线称为中线，中线两边的4个小长方形场区称为发球区，端线中心的短竖线称为中点。场地中除了端线宽度为10厘米（4英寸）外，其他各线的宽度均应控制在2.5厘米（1英寸）至5厘米（2英寸）。除中线外，场地内所有场区的丈量都应从各线的外沿开始计算。

（2）网球拍（图7-2）：网球拍是由拍底、拍柄、拍颈、拍杆、拍肩、桥和防撞保护几个部分组成。

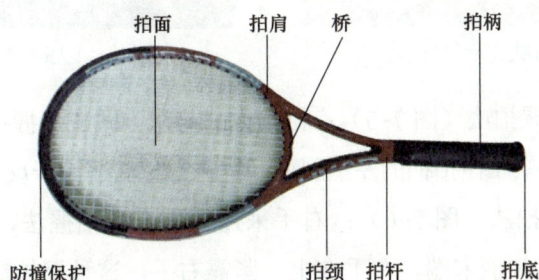

图7-2　网球拍

（3）球网：在一个双打和单打兼用的网球场地，双打球网是由高度1.07米的两根网柱支撑，单打的网样中心距单打场地边线为0.914米，双打网柱中心距离双打场地边线是0.914米（3英尺）。球网的中央高0.914米。

第二节　基本技术

一、握拍与步法

（一）握拍

网球的握拍大体可分为"东方式""西方式"和"大陆式"三种，我们主要以东方式学习为主。（以右手握拍为例）

（1）东方式正手握拍法（图7-3）：这是一种很自然的握拍方法，适合打各种高度的球。握拍时，手和拍柄类似"握手"，虎口对准拍柄的右上斜面上缘，手掌根部与球拍端面平齐，手掌与拍面平行，食指稍伸展。

（2）大陆式正手握拍法（图7-4）：握拍时犹如"握锤"，虎口对准拍柄上平面的中心。

图7-3 东方式正手握拍

图7-4 大陆式正手握拍

（3）东方式反手握拍法（图7-5）：持拍方式与东方式正手握拍法相似，仅虎口对准拍柄左上斜面下缘，掌根压住拍柄的左上斜面。这种握拍法适用于反手上旋球和削球。

（4）双手反手握拍法（图7-6）：右手采用东方式反拍握法，左手采用东方式正拍握法，右手在下，靠紧拍柄末端，左手在上，紧靠右手。这种握拍法有利于增加击球的旋转度和力度。

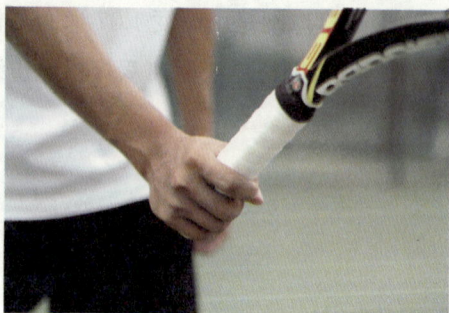

图7-5 东方式反手握拍

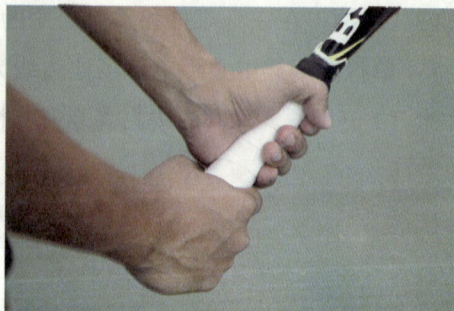

图7-6 双手反手握拍

（5）发球握拍法：初学时，采用东方式握拍法，有一定基础后逐渐转为大陆式握拍法。

（6）截击球握拍法：初学正、反手截击球时，最好都相应采用东方式正、反手握拍法。球感增强后，再转换为大陆式握拍法。

（二）步法

网球常用步法有滑步、交叉步等，结合击球又分为开放式和锁闭式步法。初期以学习锁闭步法击球为主。

二、正手击球技术与训练

正手击球技术包括正手平击球、正手上旋球、正手下旋球，其基本动作都是由准备姿势、转体引拍、前挥击球、随挥、快速回位 5 个阶段组成。

（一）准备姿势（图 7-7）

面对球网，双脚开立稍宽于肩，两膝微屈，上体稍前倾，重心落在前脚掌上；右手握拍，左手扶住拍颈，置于体前，拍头略高于手腕，不遮视线，身体放松，眼睛注视来球，随时准备移动。

（二）转体引拍（图 7-8）

左手轻轻向右侧推拍，同时转肩转胯，带动右手快速平稳地向后引拍，重心后移，左脚前踏成封闭式步法，左肩对网，右臂微屈，拍头高于手腕。

图 7-7　准备姿势

图 7-8　转体引拍

（三）前挥击球（图 7-9）

向前挥拍时，以肩关节为轴，用大臂带动小臂、手腕及球拍，肘关节微屈，手腕紧锁，拍面与地面垂直。重心前移，并在身体右前方，腰与膝之间的高度上击球。

（四）随挥（图 7-10）

击球后，球拍向击球的方向自然挥出，肘关节向前、向上抬起，下巴或右脸颊尽量贴近右肩或大臂，左手上举到左肩上方扶住拍柄，犹如将球拍扛在肩上一样。

图 7-9　前挥击球

图 7-10　随挥

（五）快速回位

随挥动作完成后，迅速复原到准备姿势，以便迎击下一个来球。

知识窗：

正手击球技术中主要体现在蹬地转髋转肩的力量以及各个关节链依次协调一致的发力。击球的力量主要来自蹬地转髋转肩，带动大小臂向击球方向快速挥动，而不是全靠收小臂和手腕。

三、反手击球技术与训练

（一）反手上旋球

打反手上旋球，最好采用东方式反手握拍法，即从正拍握拍位将拍柄沿逆时针方向旋转1/4，使虎口对准拍柄的左上斜面下缘。

1. 准备姿势（图7-11）

面对球网，双脚开立稍宽于肩，两膝微屈，上体稍前倾，重心落在前脚上，成单手反拍步法，右手握拍，左手扶住拍颈，置于体前，拍头稍高于手腕，身体放松，眼睛注视来球，随时准备移动。

2. 转体引拍（图7-12）

准备击球时，向左转体，右脚前踏成单手反拍步法，转肩对网。同时，左手帮助球拍向左后挥摆，持拍手肘微屈，拍头翘起指向后方，重心落在左脚上。

图7-11 准备姿势　　　　　图7-12 转体引拍

3. 前挥击球（图7-13）

右脚向左前方跨步，屈膝，降低重心，向右转体，以腰部的转动带动右手，由低向高挥拍。击球时，绷紧手腕，保持拍面与地面垂直，击球点在前脚外侧延长线上。

4. 随挥（图 7-14）

反手击球后，手臂伸直，继续向上挥拍至身体右侧上方，面向球网，重心落在弯曲的右腿上。

图 7-13　前挥击球

图 7-14　随挥

（二）双手反拍击球

1. 准备姿势（图 7-15）

面对球网，双脚开立稍宽于肩，两膝微屈，上体稍前倾，重心落在前脚掌上；右手握拍，左手扶住拍颈，置于体前，拍头略高于手腕，不遮视线，身体放松，眼睛注视来球，随时准备移动。

2. 转体引拍（图 7-16）

判球后，尽快转肩、转胯重心移至左脚成反手锁闭步法。同时，左手顺着拍柄下滑至右手，用东方式双手反拍握法，迅速向后引拍，球拍稍低于击球点，手腕固定，手臂放松。

图 7-15　准备姿势

图 7-16　转体引拍

3. 前挥击球（图 7-17）

右脚向左前方跨一步，重心前移，靠腰部转动带动球拍由低向前向上挥击。击球时，右臂伸直，拍面垂直于地面，击球点稍前于右膝。

4. 随挥（图7-18）

击球后，球拍应向右前上方挥至极限，拍头朝上，双手高于肩。

图7-17 前挥击球

图7-18 随挥

知识拓展：

　　网球运动中的呼吸确实非常重要，但是疲劳可不一定仅仅是由呼吸节奏掌握得不好决定的，大部分还是体能不足。网球运动中，职业高手在需要发力的动作之前，都会屏住呼吸，这样可以增强爆发力，击出更猛的球，例如发球，正手侧身，或者反手的高点进攻，而且他们直到随挥完成后才结束屏气。

四、发球技术与训练

　　网球的发球技术包括切削发球、平击发球、上旋发球，其基本动作都是由准备姿势、抛球拉拍、挥拍击球和随挥五个部分组成。持球时，用不握拍手的拇指和3个手指顶端，轻握网球。持球姿势，如图7-19所示。（以右手发球为例）

图7-19 持球姿势

拓展阅读：

　　抛球用指腹接触球而不是用指尖；手臂打直，用背部和腰部的肌肉带动手臂上升，同时配合顶胯；顶胯到预备待发姿势时手掌要刚好上升到与眼睛所在高度；手指松开时不要去摸球，一定要迅速张开，并且5个手指同时离开球表面；一发和二发的击球点是不同的，通过调整松开球的时机调整，一发在手臂没到眼睛时就松开，二发需要在眼睛上面一点松开。

单打发球者的站位，一般在离中点右侧（右区发球）或左侧（左区发球）50厘米处发球，双打发球者可站在离中点2米或2米以外靠近边线的位置上，站位还应根据不同角度、不同类型对发球有所调整（图7-20）。

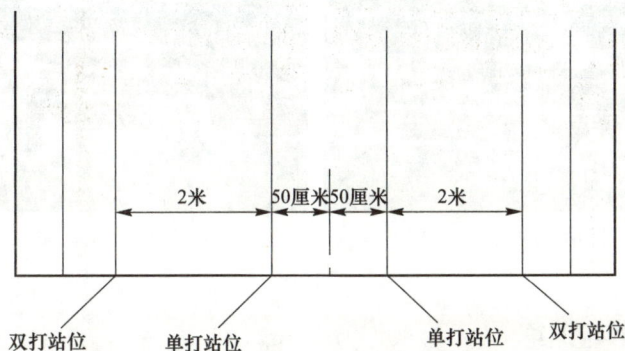

图7-20 单、双打发球者站位

（一）准备姿势（图7-21）

两脚开立，与肩同宽，左肩侧对网，左脚距底线约5厘米，与底线呈40°角，两脚脚尖连线指向发球区域，重心在后脚，左手持球并轻托拍颈于体前。

（二）抛球拉拍（图7-22）

伸直持球臂，自下而上抬至右上方最高点，平稳柔和地将球抛送至身体的右上方，当球抛向空中的同时，侧转身，右肩带动右臂引导球拍，摆至体后，肘部抬起，拍头靠近背部，形成背弓。

图7-21 准备姿势

图7-22 抛球拉拍

（三）挥拍击球（图7-23）

当球进入击球点时，依次蹬伸踝、膝、髋，用转体带动手臂，向上做鞭打动作，身体及右臂尽量伸直，在最高点击球的瞬间要有明显的扣腕动作。

（四）随挥（图7-24）

击球后，应顺着身体及挥拍的惯性，做好收腹、弯腰、收拍及跟进动作。

91

图 7-23 挥拍击球

图 7-24 随挥

五、截击技术与训练

网前截击技术是球员要掌握的不可缺少的进攻性技术，也是网球比赛中的主要得分手段。

（一）正手截击

1. 准备姿势（图 7-25）

面对球网，双脚开立稍宽于肩，两膝微屈，上体稍前倾，重心落在前脚掌上；右手握拍，左手扶住拍颈，置于体前，拍头略高于手腕，不遮视线，身体放松，眼睛注视网前，随时准备向右转体，向前移动。

2. 握拍

初学者采用东方式正手拍握法，熟练掌握后可改用大陆式握拍法。

3. 引拍（图 7-26）

肩右转，带动球拍后摆，球拍不超过身体，稍高于肩；拍头翘起，高于手腕，重心落在右脚上。

图 7-25 准备姿势

图 7-26 引拍

4. 击球（图 7-27）

左脚向右前方跨出，重心前移，肩同时带动臂，在身体右前方做短促有力的向下切击。击球时，固定手腕控制拍面（拍头与地面呈 45°左右斜面）。

5. 随挥（图 7-28）

击球后，球拍沿着击球方向撞击出去（不超过身体中线）。

图 7-27　击球　　　　　　　　　　　　　　图 7-28　随挥

（二）反手截击

1. 准备姿势（图 7-29）

面对球网，双脚开立稍宽于肩，两膝微屈，上体稍前倾，重心落在前脚掌上；右手握拍，左手扶住拍颈，置于体前，拍头略高于手腕，不遮视线，身体放松眼睛注视网前，随时准备向左转体，向前移动。

图 7-29　准备姿势

2. 握拍

初学时，采用东方式反手握拍法，熟练掌握后改用大陆式握拍法。

3. 引拍（图 7-30）

身体重心移至左脚，左转体时，带动右臂向左做微小的摆动，左手扶拍颈，手腕锁定，拍头翘起。

图 7-30　引拍

4. 击球（图 7-31）

右脚向左前方跨出，重心前移，击球时，两手如同在拉一根橡皮筋，右肩和前臂在身体的右前方向下切击，左手自然后投。

图 7-31　击球

5. 随挥（图 7-32）

击球后，球拍沿着网球方向，做很短的随挥动作。

图 7-32　随挥

拓展阅读

　　上网截击要十分警惕对方的破网和挑高球，因此站位的选择是很重要的。一般要站位于对方破网的直线和斜线之间所形成夹角的平分线上，并多注意保护直线空当。

第三节　基本战术

一、单打战术

（一）随球上网战术

　　利用有质量的发球或底线对攻以及对方发球中出现质量不高的短球或中场球，果断抽击底线，后随球上网截击的战术，也是比赛中主要得分手段之一。

　　（1）发对方右区内角，随球至中场，用正拍截击底线两侧（图7-33）。

　　（2）发对方右区外角，随球上网，用正拍截击直线球（图7-34）。

①发右区内角
②上网正手侧身攻斜线
③上网侧身攻直线
"▽"双底线
"▲"一前一后

①发右区外角
②正拍打直线
"▽"双底线
"▲"一前一后

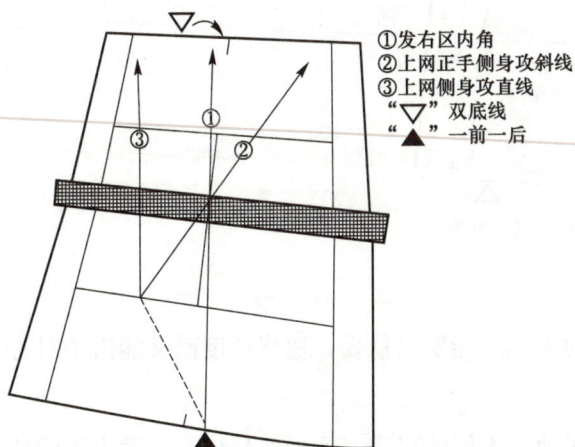

图7-33　随球上网战术一　　　　　　　图7-34　随球上网战术二

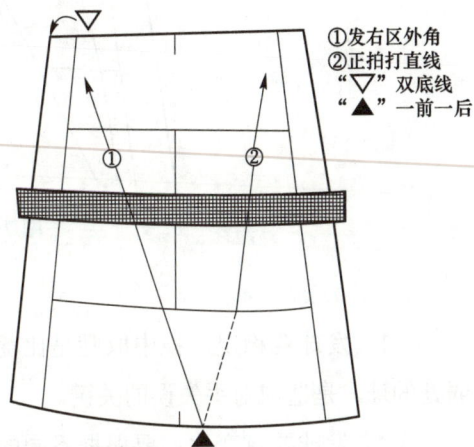

（二）底线战术

　　（1）对攻：在底线用正、反手抽击球与对手对攻。加强正、反手抽击的力量、速度、攻击对手薄弱环节。以精准的落点，调动对方，寻找机会制胜（图7-35）。

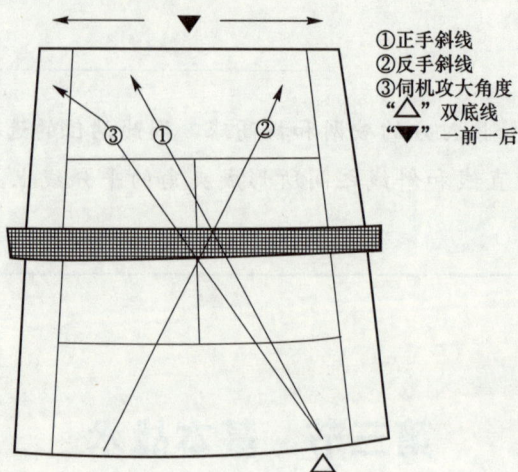

①正手斜线
②反手斜线
③伺机攻大角度
"△" 双底线
"▼" 一前一后

图 7-35 底线对攻

（2）拉攻：在底线用十分稳定的正、反手两面拉上旋或正拉反前，来调动对方，拉垮对方，创造战机（图 7-36）。

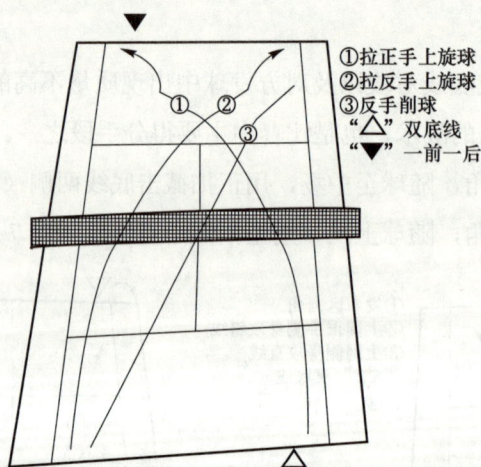

①拉正手上旋球
②拉反手上旋球
③反手削球
"△" 双底线
"▼" 一前一后

图 7-36 底线拉攻

（三）发球战术

（1）发球要稳定，稳中取胜是比赛的关键，能发出稳妥、适当速度而又能击中对方弱处的球，是造成对手失误的关键。

（2）发球要有变化，要根据不同的场地、不同的对手、不同的站位等，发出不同速度、不同落点和不同旋转度的球。

（四）接发球战术

（1）对方发球上网，勿盲目破网，应多打刚过网的低短球，使对方难以截击，被动回球。

（2）对方发球后不上网，尽可能攻其反手底线再伺机上网截击。

（3）接二发球时，站住稍靠前，抓准时机击打对方的空当、脚下或中路后随球上网。

二、双打战术

单打比赛所有战术均适用于双打比赛，此外双打比赛还有一些特有的战术。

（一）双打比赛站位

（1）发球员应站在中线和单打线的中间，准备发球上网，其同伴应站在另一侧的中线与双打边线之间的中点，距网前大约2.7米处（以各向左右移动一步，能封住单打线与双打线之间的狭窄通道和球场中区为准）。

（2）正拍好的球员应站在右区，反拍好的球员应站在左区，击球技术好的球员应在左区，击球较稳定的球员在右区。

（3）根据自身特长和搭档特点的站位：首选双上网站位，其次是两人同在底线；再次是前后站位（图7-37）。

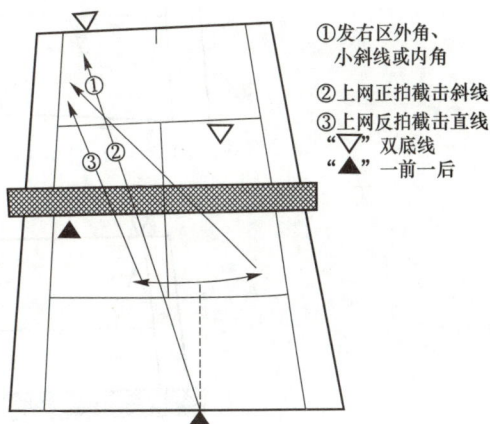

①发右区外角、小斜线或内角
②上网正拍截击斜线
③上网反拍截击直线
"▽" 双底线
"▲" 一前一后

图7-37 根据特点选站位

（二）双打发球战术

（1）发球上网战术：发球后上网，与同伴形成双上网阵势，上网后，中场的第一次截击球要平、深、大角度。

①发对方右区，上网正拍截击斜线（图7-38）。

②发对方左区，上网反拍截击斜线（图7-39）。

（2）发球抢网战术：犹如乒乓球的双打，同伴用手势发出抢网讯号，并提示发球员发球的落点，随时准备上网截击，给对方以极大的压力。

①发对方右区球，网前队员向右快速移，抢网截击，同伴移动左区补位（图7-40）。

②发对方左区球，网前队员向左快速移

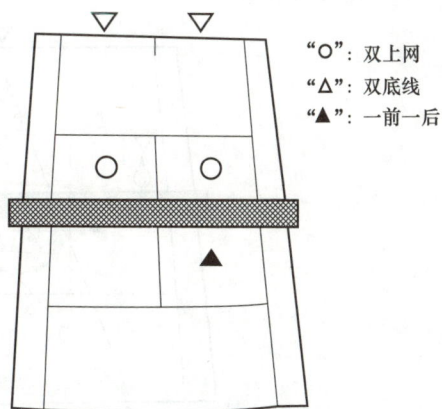

"○"：双上网
"△"：双底线
"▲"：一前一后

图7-38 发球上网战术一

动，抢网截击，同伴移动至右区补位（图 7-41）。

③澳大利亚式网前抢网战术：与发球抢网战术相同，仅在网前站位上有所区别，同伴的站位要靠近中线，随时准备向两侧抢网（图 7-42）。

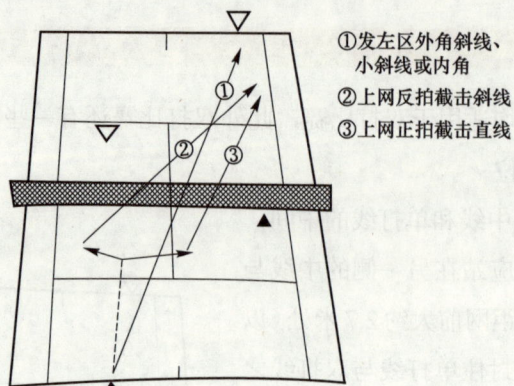

①发左区外角斜线、小斜线或内角
②上网反拍截击斜线
③上网正拍截击直线

图 7-39　发球上网战术二

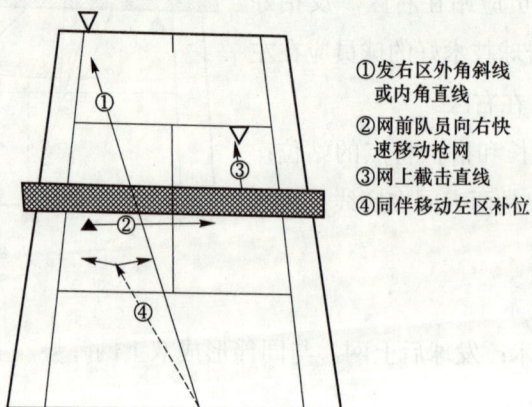

①发右区外角斜线或内角直线
②网前队员向右快速移动抢网
③网上截击直线
④同伴移动左区补位

图 7-40　发球抢网战术一

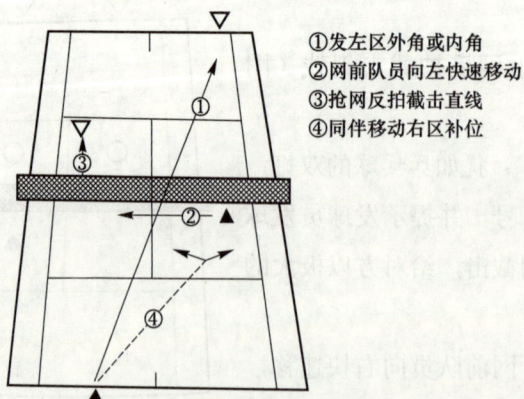

①发左区外角或内角
②网前队员向左快速移动
③抢网反拍截击直线
④同伴移动右区补位

图 7-41　发球抢网战术二

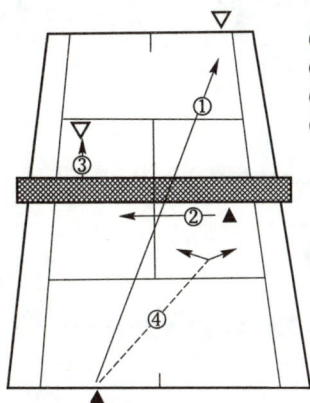

①发左区外角或内角
②网前队员向左快速移动
③抢网反拍截击直线
④同伴移动右区补位

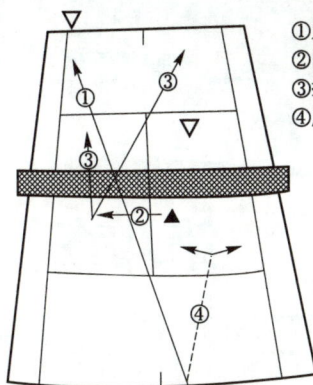

①发右区外角或内角
②网前队员向左移动
③抢网截击大斜线或直线
④底线队员向前补位

图 7-42　澳大利亚式网前抢网战术

（三）双打接发球战术

（1）接发球抢网战术：当接球员接了一个高质量的回球时，应立即前移抢网，同伴也应在另一侧上网，形成双上网，给对方回球造成较大的压力（图 7-43）。

（2）接发球的双底线战术：如两人的底线技术好，而对方的发球和抢网技术突出，就应坚持采用两人退至底线回击球的战术，降低对方的进攻成功率，并伺机打出漂亮的穿越和反击（图 7-44）。

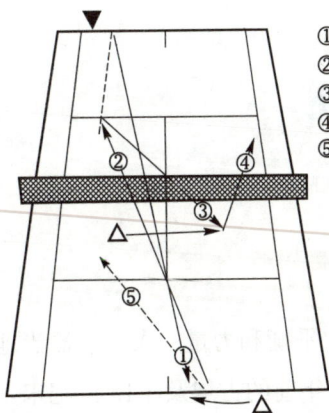

①对方发内角球
②回击斜线球
③对方随球上网截击斜线
④网前队员向右抢网截击
⑤底线队员冲向网前补位

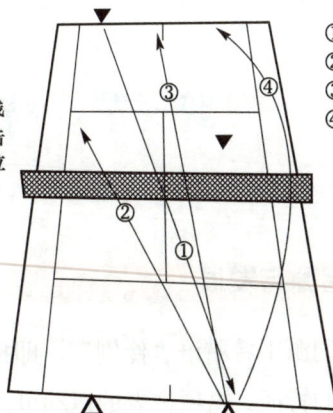

①对方发外角或内角球
②回击小斜线破网
③回击中路破网
④吊高球破网

图 7-43　接发球抢网战术　　　　图 7-44　接发球双底线战术

第八章 技 巧

技巧是体操项目之一，是以徒手完成身体造型的体育运动竞赛项目，由翻腾、抛接、平衡、舞蹈等动力性、静力性单个动作组成，也可以按照规则组成成套动作。在成套动作比赛过程中，要在音乐伴奏下协调、连贯、优美地完成翻腾、徒手体操或舞蹈等动作，极富艺术性、观赏性，深受大家的喜爱。也非常适合中职学生学习。

第一节　技巧运动概述

一、项目起源与发展

"技巧"一词源于希腊语"伶俐"，即指完善掌握纵跳、平衡和力量的人，它恰当地概括了技巧动作的特征。这项古老的运动可追溯到大约 4 000 年前的古埃及，18 世纪末，欧洲盛行马戏，在许多马戏节目中，技巧是表演内容之一，后来被引入体操中。1932 年，在美国洛杉矶举行的第 10 届奥运会上，技巧运动被列为比赛项目。1973 年，国际技巧联合会成立。第 1 届世界技巧锦标赛于 1974 年在苏联举行。

中国古代的技巧运动，则源于史前人类自身的活动和生产劳动实践，盛行于汉代的杂技，就有倒立、翻筋斗等技巧动作。后来又成了元代戏剧等文艺形式的表演手段。技巧运动在我国有着广泛的群众基础，1956 年被列为我国正式竞赛项目，是我国竞技体育项目中的优势项目，1980 年至 1997 年，中国技巧队在世界大赛中共取得 116 枚金牌，约占我国竞技体育项目在此间获得世界级金牌总数的 11%，尤其是男双一直称雄世界，连续十年获得世界冠军，二次获得世界锦标赛团体总分第一，中国技巧运动员的精湛表演在海内外享有盛誉。

二、技巧运动的价值

（一）健身价值

1. 增强学生体质，增进学生的健康

中职生处于生长发育的关键时期，由于技巧练习形式多样、内容丰富，通过学习基本动作和套路练习可以全面或有重点地锻炼身体；如倒立、转体、屈伸、翻腾、支撑等，可以使身体处于非常规状态，使身体各肌肉群得到有效的锻炼，特别是让平时活动不到的身体部位获得锻炼，训练了前庭分析器的能力，同时又发展了身体的柔韧性、协调性、灵巧性等身体素质，对学生健康水平提高有着特殊的锻炼价值。

2. 改善学生的身体形态、促进身体素质全面提高

根据中职生的生理、心理发育特点，练习内容多样选择性较大，有针对性的特殊练习可以矫正学生的不良身体姿态、不协调的动作；使体格强健，塑造健美的体型、挺拔的身体形态、优美的动作姿态。另外，克服自身重量的练习可提高身体肌肉的控制力，增进肩带力量和腰腹背肌力量等，对生理机能、身体素质和身体基本活动能力的提高都有着特殊的作用。

3. 传授体育与健康的基本知识和健身方法

技巧练习的规律一般是从简单技术动作开始递进至高难复杂动作的学习，直至完成成套动作，在促进身体素质发展的同时还应该学习相应的锻炼、保护与帮助的方法，掌握科学锻炼的知识和原理，以及体操运动所演绎的文化内容等，提高人对环境的适应能力和自我保护能力，养成良好积极乐观的生活态度。

（二）教育价值

1. 培养学生正确的价值观，形成良好的心理品质

在技巧练习中需要不断克服心理障碍、害怕、眩晕、疼痛等大大地提高了学生抗挫折能力，使内心更加勇敢顽强；同学间的保护和帮助可以促进分析判断解决问题的能力，身体素质和身体机能提高的同时提高学生的责任感，达到了团结友爱、互相帮助的目的，促进身心健康，养成，正确的价值观。

2. 培养学生正确的审美观，养成正确的生活态度

技巧某些动作需要与音乐的配合，可以说音乐是成套动作的灵魂。对音乐的选择提高了学生了解、欣赏、分析音乐的能力，在轻快、优美的旋律下学生练习成套动作增强身体的节奏感、韵律感、协调性，这是一种美的享受，逐步形成了正确的审美观

和健康意识，陶冶人的情操，保持良好的心理状态，体现了力与美的结合，达到了健康美。

三、技巧运动的比赛规则

技巧比赛分团体比赛、全能比赛和单套比赛，在大型比赛中只进行自选动作比赛。技巧比赛的每套动作都只有1次试做机会，分预赛和决赛。除单人和男子4人第1套外，都必须有音乐伴奏。比赛时，每一个项目由5名或7名裁判员评分，将最高和最低的2个或4个分数去掉，取中间3个分数的平均分为最后得分。

自选动作比赛根据难度、组织编排、完成情况、印象和完成动作的时间等5个因素评分。国际规则按照难度把动作分为C组（最难）、B组（次难）和A组（较易）3类。符合规定的难度要求时，预赛从9.0分起评，决赛从8.5分起评，只有增加成套动作的难度，才有可能获得最高分（10分）。规则还对各套动作中的单人动作、舞蹈、音乐伴奏、静止动作的停止时间及整套动作的数量等，提出了专门要求，如不符合这些要求，将按规则规定减分。

男女单人项目的内容是运动员在长10米、宽2米的助跑道和长30米、宽1.5米、厚10～15厘米的特制技巧比赛板或垫子上进行，连续不断地、有节奏地完成各种手翻、空翻及空翻转体等动作，每个运动员做两套自选动作：第1套由3个不同空翻动作组成；第2套由空翻转体动作组成。

双人项目（男子双人、女子双人和混合双人）由两名运动员共同完成动作，正式比赛场地为12米×12米的地毯或比赛板。整套动作要在音乐伴奏下完成，动作要协调、连贯、优美，富于艺术性。在上边做动作的称为"上面人"，在下边做动作的称为"下面人"。参加双人比赛的运动员均须做两套自选动作：第1套是静力性平衡动作，由没有腾空阶段的倒立、扶持、平衡和各种造型动作组成；第2套是动力性动作，由有腾空阶段的抛接动作、手翻、空翻及下法组成，各套动作还必须按规定要求穿插单人动作（包括舞蹈动作）。

女子3人项目，由3名女运动员组成，比赛在12米×12米的场地上进行，必须有音乐伴奏。从上向下分别称为"上面人""中间人"和"下面人"。其内容主要有平衡、倒立、抛接、各种罗汉造型以及单人舞蹈动作等。参加3人项目比赛的运动员均须做两套自选动作：第1套由各种造型、下法及单人动作组成；第2套由腾空的抛接、手翻、空翻、下法等动作组成。

如今的中职体育技巧项目大多是围绕"垫上运动"进行的，动作多以滚翻类、平衡类、倒立类等单个动作的学习，在此基础上加上舞蹈动作组合成套路动作进行练习，比较简单，但内容丰富，实用性强，是体育课重要内容之一。根据技巧动作的特点制定了相应的评价和考核的标准，强调基本姿态、动作完成的熟练性、连贯性等。对学生的自我保护，发展灵敏、柔韧、力量等身体素质和前庭器官、时空观念等都具有重要意义，具有趣味性和广泛的参与性。

第二节 基本技术

技巧是以翻腾、平衡、抛接等动作作为主要内容的体操项目，其中技巧中的滚动、翻滚等动作练习是人类日常生活中必不可少的自我保护性的使用技能，本书主要介绍滚翻、平衡、倒立等单个动作和成套动作。

一、滚翻类

知识窗：

1932年，技巧成为自由体操的一个组成部分，在美国洛杉矶举行的第10届奥运会上被列为比赛项目。国际技巧联合会成立于1973年，从1974年起，每逢双年举行世界锦标赛，单年举行世界杯赛。

自由体操（floor exercisc）19世纪初始于德国。在规定的场地和时间内完成编排成套的徒手和技巧动作。

（一）鱼跃前滚翻（男生）

1. 动作要领

两臂前摆，同时双腿蹬地跃起稍提臀，手撑地后身体的头部、颈部、背部、臀部依次着地屈膝缓冲顺势前滚翻，滚动要圆滑（图8-1）。

2. 学练方法

（1）远撑前滚翻，在垫上用醒目的标志物提示每次远撑的距离。

（2）在（1）练习的基础上，加上两臂前摆做蹬摆练习，后增加难度蹬摆之后做远撑前滚翻，逐步加大摆臂与蹬地的力量，直至跃起。

（3）在（1）练习的基础上，将标志换为适宜高度的障碍物，并逐步增大障碍物的远度和高度。

（4）在保护和帮助下完成动作。

3. 保护和帮助的方法

站在练习者前侧方，在其跃起时，一手托腹部，一手托大腿，顺势前送并助其屈臂缓冲。

图 8-1 鱼跃前滚翻（男生）

（二）经单肩后滚翻成跪撑（女生）

1. 动作要领

（以经右肩为例）由从直角坐（蹲撑）开始，上体后倒，举腿翻臀，头部在要着垫子时，头左倒右转，左手肩上撑垫，右臂侧举压垫，经右肩向后滚翻；同时左腿后上举，右腿伸直以脚尖先着垫后屈膝成跪撑，头部翻转抬起，两臂向前撑直，上体抬起成单膝跪撑平衡（图 8-2）。

图 8-2 经单肩后滚翻成跪撑（女生）

2. 学练方法

（1）在斜面垫上由高处向低处做后滚翻。

（2）原地模仿练习向左倒头，左手后撑，右臂伸直动作。

（3）原地模仿在上一个练习的基础上，加上放右腿动作。

（4）在体操垫上直角坐开始，后倒举腿并做头部的左倒右转练习。

（5）练习左腿后举的单腿跪撑。

（6）在帮助下由肩肘倒立开始，经单肩后滚翻成单腿跪撑平衡。

（7）在保护和帮助下完成动作。

3. 保护和帮助的方法

站在练习者左侧（后举腿一侧），一手托肩，另一手托后举腿或两手握其后举腿向后上提拉。

（三）直腿后滚翻（男生）

1. 动作要领

从体前屈开始，直腿屈髋后坐，两手在大腿中部先用力撑垫缓冲，迅速后倒举腿翻臀，脚贴垫，同时双手在肩上用力推垫，身体叠紧用力推撑成站立（图8-3）。

（1）　　　　　　　　（2）　　　　　　　　（3）

（4）　　　　　　　　（5）　　　　　　　　（6）

（7）　　　　　　　　（8）　　　　　　　　（9）

（10）

图8-3 直腿后滚翻（男生）

2. 学练方法

（1）原地模仿双手推、撑练习。

（2）直角坐开始，后倒举腿翻臀，两手肩上撑垫，直腿头后脚触垫。

（3）从体前屈开始，完成后倒举腿翻臀，两手肩上撑垫，直腿头后脚触垫。

（4）从体前屈开始，完成直腿后滚翻成分腿立撑。

（5）在保护和帮助下完成动作。

3. 保护和帮助的方法

站在练习者后侧方，在其翻臀时，两手扶髋上提。

知识窗：

滚翻

　　体操动作之一，是指躯干依次接触地面或器械，也经过头部的翻转动作。滚翻分前滚翻（动作方向向前）和后滚翻（动作方向向后）。滚翻是体操启蒙训练的内容之一。

拓展阅读：

　　第一个世界冠军和奥运会体操金牌获得者是北京女子体操运动员马艳红，她在第20届世界体操锦标赛高低杠比赛中为中国队夺得了第 1 枚金牌，成为中国第一个体操世界冠军。1984 年洛杉矶奥运会，"蹦杠后空翻转体 360° 下"被命名为"马艳红下"，是第一个以中国人名字命名的体操动作。

二、倒立类

（一）肩肘倒立（女生）

1. 动作要领

　　由直角坐开始，上体后倒，收腹举腿升髋，翻臀，当脚尖至头上方时，两臂在体侧下压，两腿上伸，上升至最高点时，髋关节充分挺开，臀部收紧，两肘内夹，手撑腰背部，静立（图8-4）。

（1）　　　　　　　　　　（2）　　　　　　　　　　（3）

图 8-4　肩肘倒立（女生）

（4） （5） （6）

（7） （8）

图 8-4 肩肘倒立（女生）（续）

2. 学练方法

（1）直腿坐，后倒举腿翻臀，两臂压垫，稍停。

（2）在前一个练习的基础上翻臀举腿后双手撑腰背。

（3）在保护和帮助下完成动作。

3. 保护和帮助的方法

站在练习者体侧，当其伸腿时，两手握其小腿上提。必要时，可用膝盖顶其腰背部，使其充分展髋。

（二）头手倒立前滚翻（男生）

1. 动作要领

头手倒立稳定后，用双手推撑，重心前移，直体前倒，并随之低头含胸，接着颈部、背部着垫，快速收腿团身，上体前跟抱腿起立（图 8-5）。

2. 学练方法

（1）在保护和帮助下练习头手倒立。

（2）在帮助下做前翻低头含胸至背部触垫，前翻成直角坐。

（3）在帮助下做头手倒立前翻屈髋屈腿成蹲立。

（4）在保护和帮助下完成动作。

3. 保护和帮助的方法

保护和帮助者站在练习者侧前方，手握其小腿并随之前移，当其低头含胸加速前滚时，立即放手，下蹲再帮助推其背部成蹲立。

图 8-5 头手倒立前滚翻（男生）

（三）手倒立前滚翻（男生）

1. 动作要领

手倒立开始，以脚尖前伸带动重心前移，同时两肩前移缩小肩角，接近地面时低头含胸，顺势前滚翻，也可在重心前移同时屈臂降低重心（图 8-6）。

2. 学练方法

（1）面对墙摆手倒立反复做，体会蹬摆、顶肩以及回落技术。

（2）面对墙做靠倒立，训练肩、臂、腰的力量。

（3）背对墙离开 20 厘米左右做手倒立，练习自我控制。

（4）在低倒立架上练习。

（5）练习手倒立前倒时，一手离地顺势转体两脚依次落地。

（6）有人扶持的手倒立，前倒屈臂缓冲低头前滚翻。

（7）有人扶持的手倒立，前倒移肩缓冲低头前滚翻。

3. 保护和帮助的方法

站在练习者前侧方，两手扶练习者倒立时的两腿，助其前移重心和缓冲低头前滚翻。

（1）　　　　　　　　（2）　　　　　　　　（3）

（4）　　　　　　　　（5）　　　　　　　　（6）

（7）　　　　　　　　　　　（8）

图8-6　手倒立前滚翻（男生）

知识窗：

　　手倒立前滚翻是体操中静止动作之一，是指用手掌撑地，头部朝下，两臂和两腿均伸直的人体倒置动作。按动作完成的姿态分为屈臂屈体、屈臂直体、直臂直体、直臂屈体及双手倒立、单手倒立等。手倒立前滚翻对上肢力量及身体控制能力的要求较高。

拓展阅读：　**倒立的好处**

（1）改善血液的循环。

（2）调整内脏器官。

（3）放松紧张肌肉和疲劳。

（4）能使人的形体更加完美，而且能够有效地减少面部皱纹的产生，延缓衰老。

（5）有助于人的智力和反应能力的提高。人的智力高

低和反应能力的快慢，是由大脑来决定支配的，而倒立能增加大脑血液供应和条件下的支配传感能力。

三、翻腾类

侧手翻

（一）动作要领

（以向左为例）侧向分腿站立，两臂侧举开始，左腿侧屈，上体左倒，右腿快速后摆，左手撑地，左脚用力蹬地，同时向左转体 90°，右臂从头上向左摆并撑地，向左翻转，左、右手依次推地，当右脚靠近右手落地成分腿站（图 8-7）。

（1） （2） （3）

（4） （5） （6）

（7） （8）

图 8-7 侧手翻

（二）学练方法

（1）借助辅助教具——跳箱盖练习：依侧手翻过程，两手依次撑跳箱盖两侧，两腿踢蹬越过跳箱盖成分腿站。并逐步提出两腿踢蹬充分，伸直腿，升高重心等要求（可在地上划两条平行线代替跳箱盖）。

（2）在帮助下练习侧起成分腿倒立，再侧倒成分腿站。

（3）在地上划一直线，在帮助下练习侧手翻，要求手脚在直线上。

（4）在保护和帮助下完成动作。

（三）保护和帮助的方法

保护和帮助者站在练习者侧后方，两臂交叉（左手在上），在其踢腿时两手扶其腰部帮助侧翻倒立，侧倒落地时，两手顺势交叉上托助其起立成分腿站。

知识窗：

侧手翻是体操翻腾动作之一，是指用手支撑于地面或器械上，人体经倒立，然后在手推撑的同时翻转的动作。按翻转的方向，分向前、向后、向侧手翻3种。侧手翻也是技巧运动支撑跳跃等项目的基本动作之一。

四、平衡类

俯平衡（燕式平衡）

（一）动作要领

由站立开始，一腿向前迈出一步，同时上体前倾，另一腿尽量后举，抬头、挺胸、挺髋，两臂侧举成俯平衡姿势（图8-8）。

（1）　　　　　　（2）　　　　　　（3）

图8-8 俯平衡（燕式平衡）

（二）学练方法

（1）原地练习徒手模仿练习。

（2）有人扶持或练习者手扶器械小幅度进行练习。

（3）在保护和帮助下完成动作。

（4）独立完成动作。

（三）保护和帮助的方法

保护和帮助者站在练习者侧面，一手托其肩部，一手托其后举腿。

五、成套动作

（一）女生

1. 套路动作

侧手翻—俯平衡—前滚翻交叉转体 180°—后滚翻—跪跳起（图 8-9）。

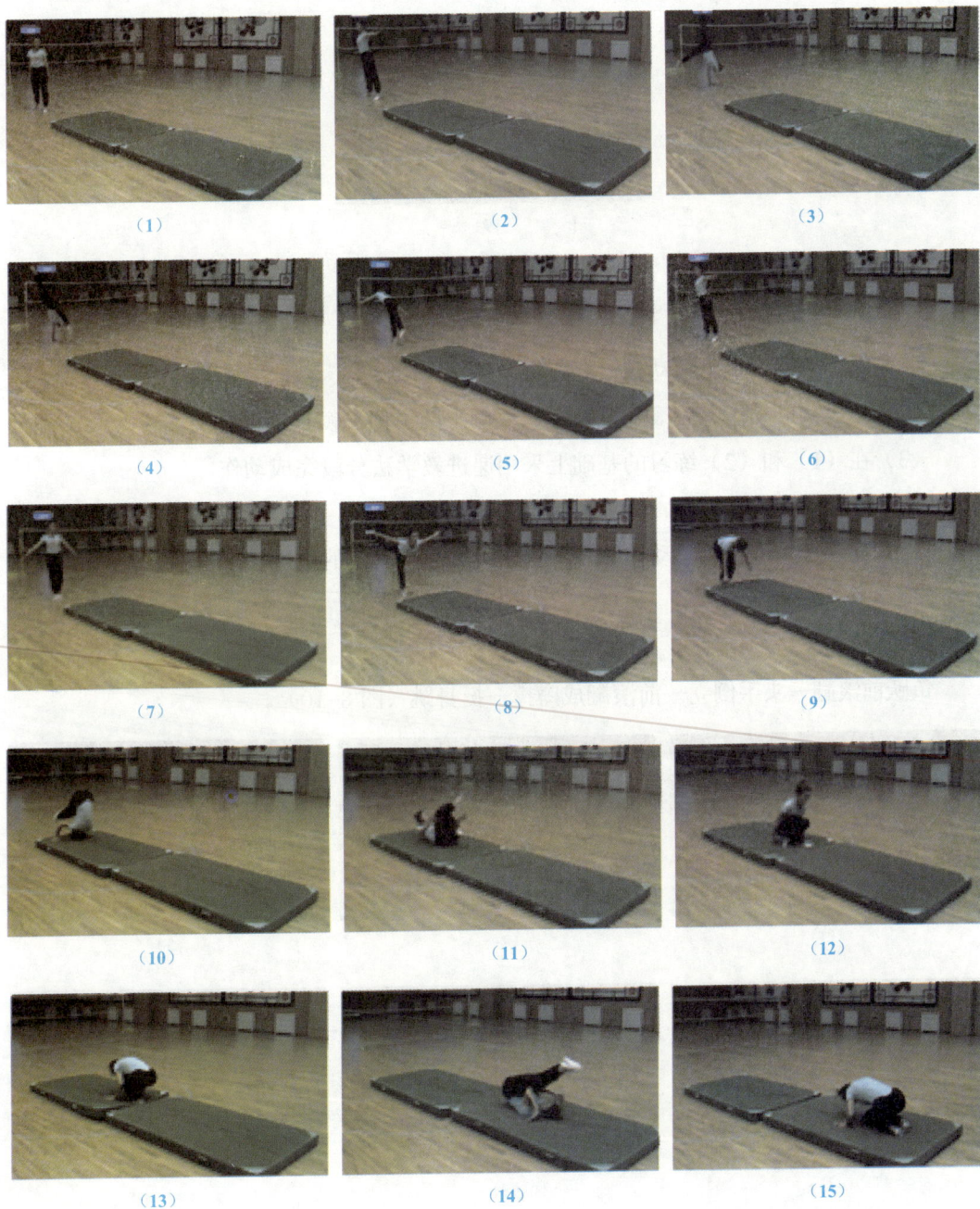

图 8-9　成套动作（女生）

（16）

（17）

（18）

（19）

图8-9 成套动作（女生）（续）

2. 学练方法

（1）熟练掌握每个单独动作，练习每个动作。

（2）分段完成动作：后滚翻＋跪跳起；侧手翻＋俯平衡＋前滚翻交叉转体180°。

（3）在（1）和（2）练习的基础上采用递进教学法分段完成动作。

（4）成套动作组合练习。

（5）配合音乐进行成套动作练习（音乐可按教师规定的也可学生自选）。

（二）男生

1. 套路动作

鱼跃前滚翻—头手倒立—前滚翻成蹲撑—挺身跳（图8-10）。

（1）

（2）

（3）

（4）

（5）

（6）

图8-10 成套动作（男生）

（7）　　　　　　　（8）　　　　　　　（9）

（10）　　　　　　（11）　　　　　　（12）

（13）　　　　　　（14）　　　　　　（15）

（16）　　　　　　（17）　　　　　　（18）

（19）　　　　　　　　　　（20）

图 8-10　成套动作（男生）（续）

2. 学练方法

（1）熟练掌握每个单独动作，练习每个动作。

（2）重点动作完成法：头手倒立—前滚翻成蹲撑—挺身跳。

（3）在（1）和（2）练习的基础上采用递进教学法分段完成动作：鱼跃前滚翻+头手倒立。

（4）成套动作组合练习。

第九章 健美操

健美操是以人体为对象，以健美为目标，以肢体锻炼为内容，以艺术创造为手段，融体操、舞蹈、音乐为一体的体育锻炼项目。通过健美操的练习，能使中职的学生养成正确的身体姿态；发展协调性、灵活性、柔韧性和耐久性；改善心血管系统功能，提高人体的有氧代谢能力；培养节奏感及现代美的气质。

第一节 健美操运动概述

一、健美操运动的起源与发展

健美操起源于美国，其英文"aerobics"的意思为"有氧运动"或"有氧操"。源于20世纪60年代末，最早是美国太空总署为太空人所设计的体能训练内容。20世纪70年代末，健美操运动逐渐被大众接受。随后美国电影明星简·方达根据自己的健身体会和经验撰写并出版了《简·方达健身术》一书，引起了世界轰动。该书于1981年在美国首次出版后，一直畅销，并被译成20多种文字，在30多个国家发行。该书的出版与发行加强了世界各国对健美操的认识，掀起了各国开展健美操运动的高潮，也使得健美操运动得以在世界范围内迅速传播。各种健美操俱乐部，健身中心和健美操培训班吸引了许多健美操爱好者，人们把参加健美操运动作为健身防病和丰富精神文化生活不可缺少的部分。

1992 年，中国健美操协会正式成立，随着中国健美操协会的逐渐成长和壮大，我国健身健美操比赛逐步走向正规化。1998 年，推出《全国健美操大众锻炼标准实施办法》和《全国健美操大众锻炼标准（第一套）》，1999 年中国健美操协会设立了大众健身委员会，使我国健身健美操项目的管理更加规范。例如，从 2002 年起，中国健美操协会每年举办一次"全国万人健美操大众锻炼标准大赛""全国健美操形象大使比赛""健美操明星大赛"等；2009 年，推出《全国健美操大众锻炼标准（第三套）》。从 2011 年开始，中国健美操协会组织开展全国普及组健美操推广活动，有力推动了我国健美操运动的快速发展。

现代健美操热传入中国是在 20 世纪 70 年代末 80 年代初，开始是引入扭动全身各关节的非洲民间舞蹈与基本体操相结合的迪斯科健美操，后来加以改编，加入中国元素，创造了具有中国特色的徒手健美操。1982 年 2 月中国青年出版社出版了《美·怎样才算美》一书，选登了陈德易创编的"女青年健美操"和牛乾元创编的"男青年哑铃操"，从此"健美操"一词迅速被广大体育工作者采用。随着健美操的普及，健美操分为大众健美操和竞技健美操两大类。健美操分类，见表 9-1。

表 9-1 健美操分类

大众健美操	竞技健美操	
徒手健美操	轻器械健美操	
有氧健美操	踏板操	男子单人
形体健美操	哑铃操	女子单人
拉丁健美操	杠铃操	混合双人
搏击健美操	皮筋操	三人（混合或同性别）
舞蹈健美操	健身球操	集体六人（混合或同性别）
健身街舞	花球操	

（一）大众健美操

大众健美操也称健身健美操，是一种有氧运动，其主要目的是"锻炼身体、保持健康"。大众健美操的动作简单，实用性强，为了保证一定的运动负荷和锻炼的全面性，动作多有重复，并多以对称的形式出现，还可使用轻器械或在特殊场地进行锻炼以增强锻炼效果，音乐速度较慢，一般为每 10 秒 20 ～ 24 拍。大众健美操的练习时间可长可短，在练习的要求上也可以根据个体情况而变化，并且严格遵循健康、安全的原则，在保证安全的基础上，达到锻炼身体的目的。它适应不同年龄，性别，职业的人群锻炼需求，受到广大群众的喜爱，已在世界范围内得到广泛的普及与开展。

（二）竞技健美操

竞技健美操是以竞技为主要目的运动形式，对身体素质、技术能力和艺术表现力有较高的要求。竞技健美操以成套动作为表现形式，在成套动作中必须展示连续的动作组合、柔韧性、力量与七种基本步伐的综合使用并结合难度动作的完美完成，是展示人体健、力、美和全面素质的竞赛项目。竞技健美操有特定的竞赛规则和评分办法，在参赛人数，比赛场地和成套动作的时间等方面都有严格规定。竞技健美操音乐速度为每 10 秒 26 拍以上，在动作的设计上也要求更加多样化。

拓展阅读： 中国健美操一姐——黄晋萱

黄晋萱，1988 年出生，沈阳人，国际级运动健将，健美操世界冠军，黄晋萱是国家健美操队唯一的女冠军。在第 26 届世界大学生运动会上获得 4 项冠军。2010 年获第 3 届亚洲室内运动会女子单人操冠军，2010 年获第 11 届世界健美操锦标赛团体季军，2011 年在深圳第 26 届世界大运会健美操比赛中获得团体和个人 4 枚金牌。当前，黄晋萱的单人运动水平可以排名世界前三。

二、健美操运动的价值

（一）健身价值

健美操是根据人体解剖学、人体生理学、体育美学、体育心理学等多学科理论为基础，以健康、健美为目的而创立与编排的。与其他体育项目相比，讲究健美舒展，强调力度和弹性，趋向不停顿的连续走、跑、跳，使练习者消耗过剩的脂肪，增强肌肉力量，提高协调灵敏性。经常进行健美操锻炼可以达到增强体质、提高身体素质的效果。长期参加健美操锻炼可以增强人体运动系统功能；促进心血管系统机能提高，提高呼吸系统机能水平，改善消化系统与神经系统机能，使人的心肺耐力、肌肉力量、平衡性、灵敏性、柔韧性和协调性等身体素质得到提高。健美操是目前增进健康、增强体质较为理想的运动。

（二）教育价值

健美操锻炼能使人在接受美和享受美的过程中提高美的鉴赏能力，陶冶美的情操。健美操动作具有独特的表现力和感染力，音乐激昂，具有强烈的韵律感，能使人很快地进入角色，全身心地投入锻炼中，健美操的集体配合以及队列、队形的变化更加富有艺术欣赏价值，练习者不仅在锻炼中强健了身体，还受到了美的熏陶，提高了艺术素养。从而缓解精神压力，使人保持更强的活力和最佳的心态。

三、大众健美操运动的比赛规则

（一）总则

（1）比赛内容：大众健美操比赛包括规定动作和自选动作比赛。

（2）年龄与组别（表9-2）。

表9-2　年龄与组别

组别	年龄
儿童组（小学生）	12岁以下
少年组（中学生）	13～17岁

（3）参赛人数：

①规定动作：每队5人性别不限。

②自选动作：可分为个人、双人和集体项目等。

（4）比赛场地：赛台高80～100厘米，比赛场地为12米×12米的地板和地毯，有背景遮挡。

（5）成套动作时间与音乐：

①规定动作：按《全国健美操大众锻炼标准》的规定时间进行，音乐由主办单位统一播放。

②自选动作：成套动作时间为2分30秒～3分，计时从动作开始到动作结束。音乐允许有2×8拍前奏，音乐速度不限。

（6）比赛服装：

①着健身服或运动休闲服和运动鞋（旅游鞋式，不可穿球鞋、体操鞋等）。

②服装上可有亮片等饰物，女运动员可化淡妆；比赛时运动员不可佩戴首饰。

（二）成套动作评分

（1）规定动作评分：规定动作10分起评，评分因素包括动作的完成、表演和团队精神两方面，具体扣分分值表演和团队精神4分、动作的完成6分。

（2）自选动作评分：自选动作10分起评，评分因素包括动作设计，动作完成，表演和团队精神，具体扣分分值见表9-3。

表 9-3　具体扣分分值

评分因素	内容		扣分		
			一般	较差	不可接受
动作设计 3分	艺术性	主题健康，充满活力	0.1～0.2	0.3～0.4	0.5或更多
		风格突出，富有创意	0.1～0.2	0.3～0.4	0.5或更多
		动作类型丰富，动作的转换自然流畅	0.1～0.2	0.3～0.4	0.5或更多
		音乐的选择与动作风格一致并协调，录音质量高且清晰	0.1～0.2	0.3～0.4	0.5或更多
		充分利用场地和空间	0.1～0.2	0.3～0.4	0.5或更多
		服饰选择美观协调	0.1～0.2	0.3～0.4	0.5或更多
	安全性		每出现一次不安全动作扣0.5分		
动作完成 4分	动作完成轻松，准确，流畅		0.1～0.2	0.3～0.4	0.5或更多
	动作完成能体现所选主题的风格和特点		0.1～0.2	0.3～0.4	0.5或更多
	动作与音乐协调一致		0.1～0.2	0.3～0.4	0.5或更多
表演和 团队精神 3分	表现力与热情		0.1～0.2	0.3～0.4	0.5或更多
	队形		0.1～0.2	0.3～0.4	0.5或更多
	一致性（每次）		0.1	0.2	0.3

第二节　基本术语

知识窗：

　　健美操的基本术语主要是用来说明动作的，主要包括场地的方位术语、运动方向术语、动作关系术语、运动形式术语、动作连接术语和运动轴与运动面的术语。

一、基本方位术语

　　为表明人的身体在场地中所处的方位，一般借鉴舞蹈中基本方位术语，把开始确定的某一面（主席台、裁判席）定为基本方位的第一点，按顺时针方向，每45°为一个基本方位，将场地划分为8个基本方位，即1点、2点、3点、4点、5点、6点、7点和8点（图9-1）。

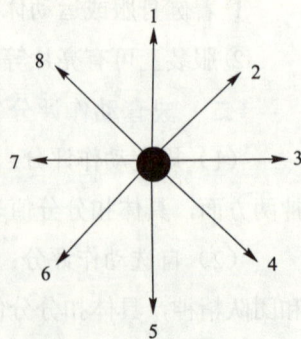

图 9-1　场地基本方向

二、基本方向术语

基本方向：以人体直立时作基准，分前、后、左、右、上、下 6 个基本方向。

三、健美操专业术语

（一）动作强度术语

人体运动时对地面产生一定的作用力，而地面同时也会给予人体相应的反作用力，即"冲击力"。冲击力随着每一个动作自下而上通过人体并逐渐消失。根据冲击力的大小可分为四种形式：无冲击力、低冲击力、高冲击力和超强冲击力。

（1）无冲击力：两脚始终接触地面，身体重心在两脚之间，没有腾空的动作。如弹动、蹲、弓步等。

（2）低冲击力：指有一脚始终接触地面，对身体有一定的冲击力。如踏步、交叉步、V 字步、并步、漫步等。

（3）高冲击力：指腾空阶段，对身体有一定冲击力，一般指跑跳动作。如开合跳、弓步跳、后踢腿跑、弹腿跳、吸腿跳、大踢腿跳等。

（4）超高冲击力：在空中滞留的时间更长，约占两拍，如分腿跳、击足跳等。

（二）动作表现形式术语

（1）弹性：健美操中所指的弹性是关节自然的屈伸，给人一种上下起伏、轻松、自然的感觉。

（2）力度：指动作用力强度，通常以肢体的速度和控制技术来体现力度。

（3）节奏：指动作的用力强弱交替出现，并合乎一定的规律。

（4）幅度：指动作路线的大小，一般是动作经过的轨迹越大则幅度越大。

（5）风格：一套动作所表现的主要艺术特色和思想特点。

（6）激情：充满健美操特点的强烈兴奋的情感表现。

（三）健美操专项技术术语

1. 弹动技术

弹动技术主要是指踝关节、膝关节、髋关节的屈伸。下肢弹动技术的关键环节是健美操步伐中脚着地时的滚动技术。健美操中所有的脚着地动作，均是由脚跟过渡到全脚掌或由前脚掌过渡到全脚掌，然后迅速屈膝—屈髋缓冲，这种自然的缓冲动作就是弹动产生的原因。其主要目的是使身体保持稳定，同时缓冲地面对肌肉、关节的冲击力，避免造成运动损伤。

2. 平衡与重心移动技术

健美操动作中要靠维持原有的平衡与克服运动所产生的倾倒来保持动作的稳定性，

由于重力作用与运动所产生的力的作用会使人体的稳定性发生变化，因此人们会利用人体的运动技能给予的能力保持人体的平衡与稳定性。健美操中常用的方法：一是加大支撑面积；二是降低重心，运动中重心越低稳定性越强；三是重心偏离稳定，人体运动中重心不可能是永远平稳的，而是随着运动方向的力而变化，而人体在生理机能上有着平衡补偿功能，在运动中重心偏离时，可以利用人体本身的配重进行调节。

3. 控制技术

控制技术主要是腰腹背部肌肉对身体姿态的控制和操化动作的控制以及肌肉的收缩与放松的弹性控制。身体姿态的控制主要是指人体在运动过程中（非特殊条件下），保持自然挺拔，头部稍昂起，颈椎、胸椎、腰椎在保证正常生理曲线情况下（不包括特殊动作与难度缓冲动作等）的直立。操化动作的控制是指操化动作的肌肉发力与控制。

4. 落地技术

健美操的落地技术为落地时，由脚跟过渡到全脚掌或由前脚掌过渡到全脚掌，然后迅速屈膝—屈髋缓冲。所有动作在瞬间一次完成，用以分解地面对人体的冲击力。同时躯干和手臂保持良好的姿态，肌肉用力控制以保持动作的正确与稳定。

第三节　基本技术

一、下肢基本步伐

健美操的基本步伐分类方式有很多种，按其冲击力的大小可分为低冲击力、高冲击力和无冲击力动作；按其动作完成形式可分为交替、迈步、点地、抬起、双腿5类（表9-4）。

表9-4　健美操基本步伐分类表

类别	低冲击力动作	高冲击力动作	无冲击力动作
交替类	踏步 走步 一字步 漫步 恰恰步 十字交叉步 桑巴步	后踢腿跑 侧并小跳（小马跳）	

续表

类别	低冲击力动作	高冲击力动作	无冲击力动作
迈步类	并步 侧交叉步 迈步点地 迈步屈腿 迈步吸腿 迈步弹腿	并步跳 迈步吸腿跳 迈步后屈腿	
点地类	脚尖前点 脚跟前点地 脚尖侧点地 脚尖后点地		
抬起类	吸腿 踢腿 弹腿	吸腿跳 后屈腿跳 弹踢腿跳 摆腿跳	
双腿类		并腿纵跳 分腿半蹲跳 开合跳 弓步跳	弹动 半蹲 弓步 提踵

二、基本动作说明

（一）两脚交替类

1. 踏步（原地动作）

动作方法：两腿原地依次抬起，依次落地（图9-2）。

技术要点：在下落时，踝、膝、髋关节依次有弹性地缓冲。

图9-2 踏步

2. 走步

动作方法：迈步向前走四步或向后退四步，然后反之（图9-3）。向前走时，脚跟先落地，然后过渡到全脚掌；向后走时则相反。

技术要点：在落地时，膝踝关节有弹性地缓冲。

123

图 9-3　走步

3. 一字步

动作方法：一脚向前一步，另一脚并于前脚，然后依次还原（图 9-4）。

技术要点：向前迈步时，先脚跟着地，过渡到全脚掌；前后均要有并腿过程；每一拍动作膝关节始终有弹性的缓冲。

图 9-4　一字步

4. V 字步

动作方法：一脚向前侧方迈一步，两脚开立，屈膝，再依次退回原位（图 9-5）。

技术要点：两腿膝、踝关节始终保持弹动状态，分开后两腿半蹲，重心在两脚之间。

图 9-5　V 字步

5. 漫步

动作方法：一脚向前迈出，屈膝，重心随之前移，另一脚稍抬起，然后原地落下；或者一脚向后撤一步，重心后移，另一脚稍抬起，然后原地落下；或者一脚向后撤一步，重心后移，另一脚稍抬起，然后原地落下（图9-6）。

技术要点：两脚始终保持交替落地，身体重心随动作前后移动，但始终在两脚之间。

图9-6　漫步

6. 跑步

动作方法：两腿经过腾空后脚掌依次落地缓冲，两臂屈肘摆臂（图9-7）。

技术要点：落地屈膝缓冲，脚跟尽量落地。

图9-7　跑步

（二）迈步类

1. 并步（侧并步为原始动作）

动作方法：一脚迈出，另一脚随之并拢屈膝点地；再反方向迈步（图9-8）。

技术要点：两膝始终保持弹动，动作幅度和力度可随风格而定。

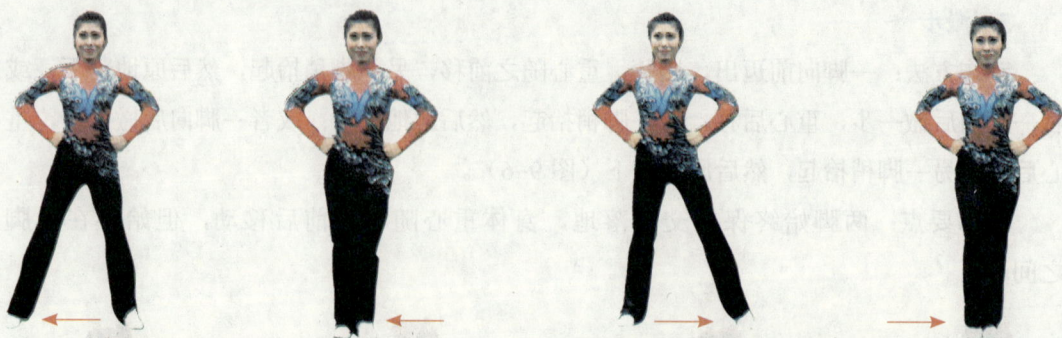

图 9-8　并步

2. 迈步点地

动作方法：一脚向侧迈一步，两脚经屈膝移重心，另一脚再向前、侧或后用脚尖或脚跟点地（图 9-9）。

技术要点：两膝放松保持弹动。

图 9-9　迈步点地

3. 迈步吸腿

动作方法：一腿迈出一步，另一腿屈膝抬起，然后向反方向迈步（图 9-10）。

技术要点：两腿屈膝半蹲，抬膝时支撑腿稍屈膝。

图 9-10　迈步吸腿

4. 迈步后屈膝

动作方法：一腿迈出一步，另一腿后屈，然后向反方向迈步（图 9-11）。

技术要点：两腿屈膝半蹲，支撑腿稍屈膝，后屈腿的脚跟靠近臀部。

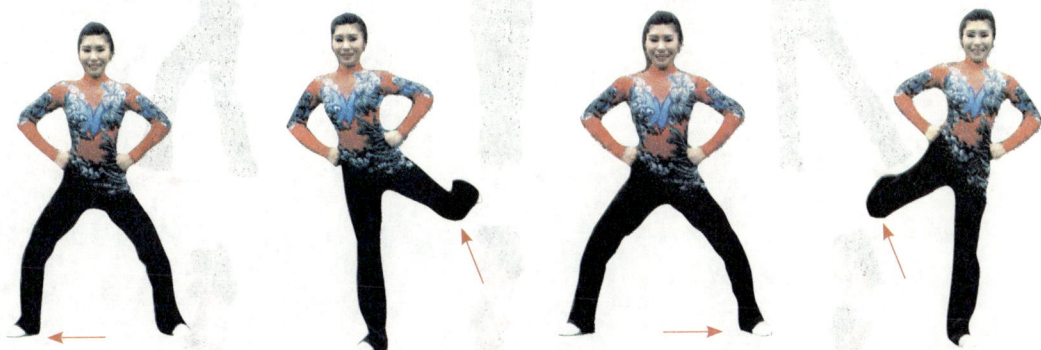

图 9-11 迈步后屈膝

5. 侧交叉步

动作方法：一脚向侧迈一步，另一脚在其后交叉，随之再向侧迈一步，另一脚并拢，屈膝点地（图 9-12）。

技术要点：第一步脚跟先落地，身体重心快速随脚步而移动，保持膝、踝关节的弹动。

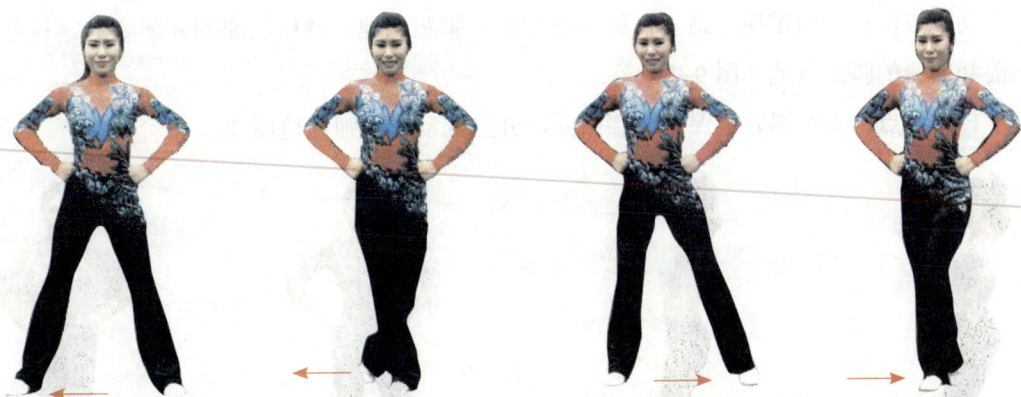

图 9-12 侧交叉步

（三）点地类

1. 脚尖点地

动作方法：一腿稍屈膝站立，另一腿伸出，脚尖点地，然后还原到并腿姿势（图 9-13）。

技术要点：支撑腿始终保持屈膝站立，并且随动作有弹性地屈伸。

图 9-13　脚尖点地

2. 脚跟点地

动作方法：一腿稍屈膝站立，另一腿伸出，脚跟点地，然后还原到并腿姿势。只可做向前和向侧的脚跟点地（图 9-14）。

技术要点：支撑腿始终保持屈膝站立，并且随动作有弹性地屈伸。

图 9-14　脚跟点地

（四）抬腿类

1. 吸腿

动作方法：一腿屈膝抬起，落下还原（图 9-15）。

技术要点：支撑腿保持屈膝弹动，大腿上抬超过水平，上体保持正直。

图 9-15　吸腿

2. 摆腿

动作方法：一腿抬起摆动，落下还原（图 9-16）。

技术要点：抬腿角度要低，脚尖绷直，上体正直。

图 9-16　摆腿

3. 踢腿

动作方法：一腿稍屈膝站立，另一腿抬起，然后还原（图 9-17）。

技术要点：抬起腿不需要很高，但要求有控制，保持上体正直。

图 9-17　踢腿

129

4. 弹腿（跳）

动作方法：一腿站立（跳起），另一腿先向后屈，然后向前下方弹腿，还原（图9-18）通常以高冲击力的形式出现。

技术要点：腿弹出时要求有控制，保持上体正直。

图 9-18 弹腿（跳）

5. 后屈腿（跳）

动作方法：一腿站立（跳起），另一腿向后屈膝，放下腿还原（图9-19）。

技术要点：支撑腿保持弹性，两膝并拢，脚跟靠近臀部。

图 9-19 后屈腿（跳）

（五）双腿类

1. 并腿跳

动作方法：两腿并拢跳起（图9-20）。

技术要点：双脚有控制地落地缓冲。

2. 分腿跳

动作方法：分腿站立屈膝半蹲时，向上跳起，分腿落地屈膝缓冲（图9-21）。

技术要点：屈膝半蹲时，大、小腿夹角不能小于90°。在空中时注意身体的控制。

图 9-20　并腿跳　　　　　　　　　图 9-21　分腿跳

3. 开合跳

动作方法：由并腿跳起，分腿落地；然后由分腿跳起，并腿落地（图 9-22）。

技术要点：分腿屈膝跳起，分腿落地；然后由分腿跳起，并腿落地。

图 9-22　开合跳

4. 半蹲

动作方法：两腿有控制地屈和伸，可分为并腿半蹲和分腿半蹲（图 9-23）。

技术要点：分腿半蹲时，两腿左右分开稍大于肩（或与肩同宽），脚尖稍外开，屈膝时关节角度不得小于 90°，膝关节对准脚尖方向，臀部向后 45° 方向下蹲，上体保持直立。

图 9-23　半蹲

131

5. 弓步

动作方法：两腿前后分开，两脚平行站立，蹲下、起来（图9-24）。

技术要点：半蹲时后腿关节向下，大腿垂直于地面，重心始终在两脚之间。

6. 提踵

动作方法：两腿脚跟抬起，落下脚跟稍屈膝（图9-25）。

技术要点：两腿夹紧，重心上提时，收紧腹部，落下时屈膝缓冲。

图9-24 弓步　　　　　　　　　　　　　图9-25 提踵

三、常用上肢动作

在完成基本动作时加入不同的手臂动作会使动作变得丰富多彩，或改变动作的强度和难度。如手臂在肩以上的动作强度大于手臂在肩以下的动作强度；手臂动作变化多的一组动作就难于手臂动作变化少的动作组合。下面介绍几种常用的手型和手臂动作。

（一）常用手型（图9-26）

常用手型有掌形、拳形和五指张开形。

图9-26 常用手型

（二）上肢动作

1. 举

动作方法：臂伸直向某个方向抬起。

2. 屈臂

动作方法：前臂与上臂角度不断减小。

3. 伸臂

动作方法：前臂与上臂角度不断增大。

4. 屈臂摆动

动作方法：屈肘在体侧自然地摆动，可依次和同时进行。

5. 上提

动作方法：直臂或屈臂由下至上提起。如屈臂前提，直臂侧提。

6. 下拉

动作方法：臂由上举或侧上举拉至身体两侧。

7. 胸前推

动作方法：立掌，臂由肩部向前推。

8. 冲拳

动作方法：屈臂握拳，由腰间猛力向前冲拳。

9. 肩上推

动作方法：立掌，臂由肩部向上推。

10. 摆动

动作方法：以肩关节为轴，手臂在 180° 以内的运动称为摆动。

11. 绕和环绕

动作方法：以肩关节为轴，手臂在 180°～360° 的运动为绕；大于 360° 以上的圆周运动为环绕。

12. 交叉

动作方法：两臂重叠成 X 形。

在进行上述肢体练习时，应注意肌肉的用力阶段，使动作富有弹性，避免上肢动作过分僵硬。

四、健美操基本动作组合练习

根据运动负荷、动作难度及练习的不同需要，本书介绍中级的基本步法组合，由 4 个 8 拍组成，练习者可根据需要增加动作的重复次数，也可手持轻器械进行练习或表演，以增大运动负荷及感染力。

中级基本步法组合（无冲击力步法＋低冲击力步法）4×8

第一个 8 拍（图 9-27）：

1～4 拍下肢动作：1、2 拍踏步，3、4 拍 V 字步。

5～8 拍右腿后退，左脚跟点地，站立，右脚跟点地。

1～8 拍上肢动作：双手并掌叉腰。

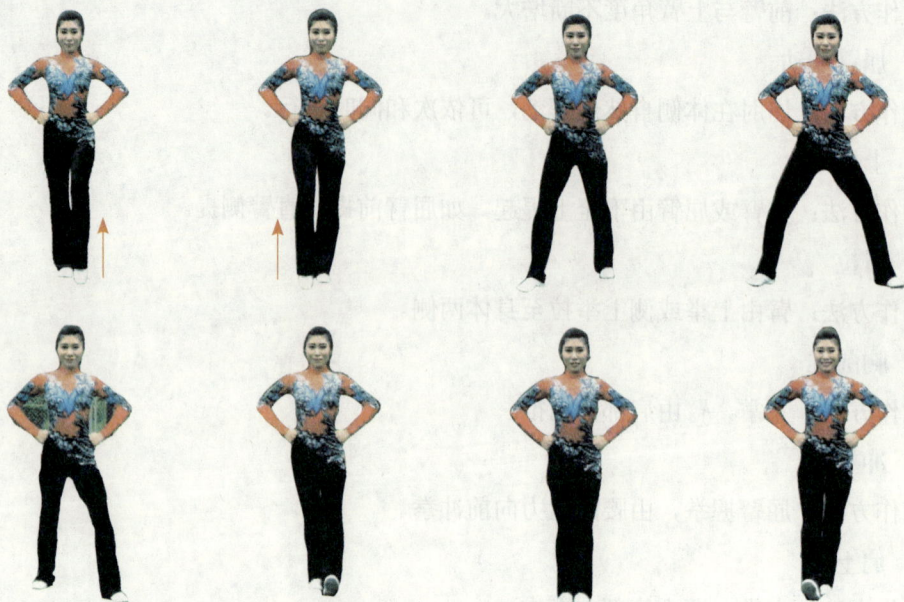

图 9-27　第一个 8 拍动作

第二个 8 拍（图 9-28）：

1～4 拍下肢动作：1/2 拍为迈步吸腿，3/4 拍为迈步弹踢。

5～8 拍：5～7 拍后 V 字步，8 拍脚跟点地。

1～8 拍上肢动作：双手并掌叉腰。

图 9-28　第二个 8 拍动作

第三个 8 拍（图 9-29）：

1～4 拍下肢动作：1、2 拍迈步吸腿，3、4 拍迈步弹踢。

5～8 拍下肢动作：一字步。

1～8 拍上肢动作：双手并掌叉腰。

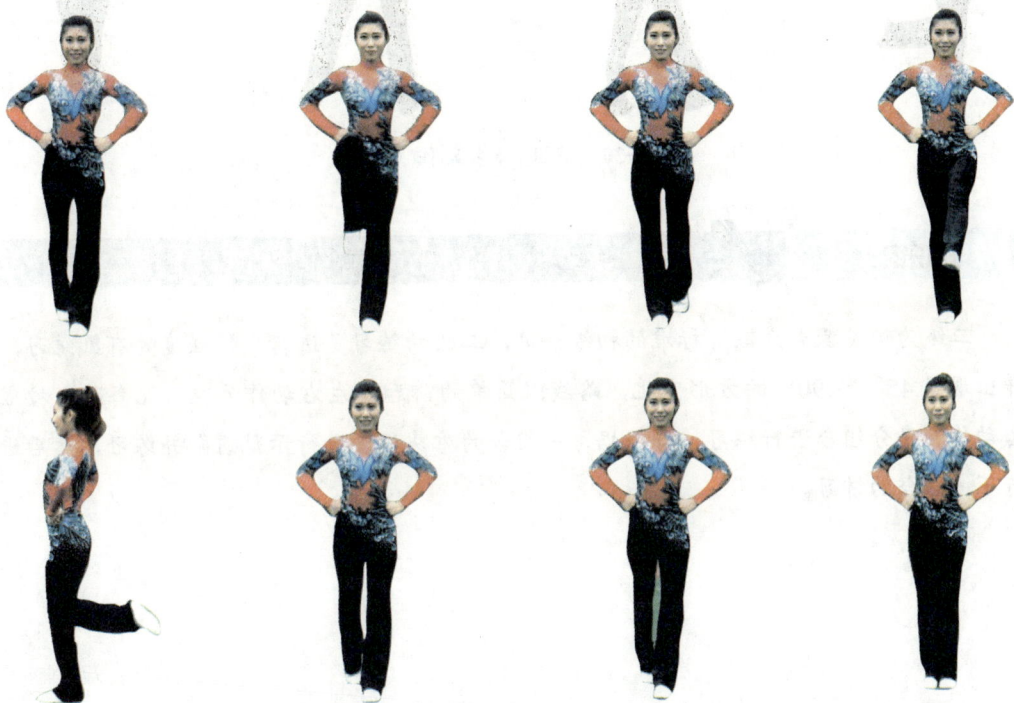

图 9-29 第三个 8 拍动作

第四个 8 拍（图 9-30）：

1～4 拍下肢动作：左漫步。

5～8 拍下肢动作：右漫步。

1～8 拍上肢动作：双手并掌叉腰。

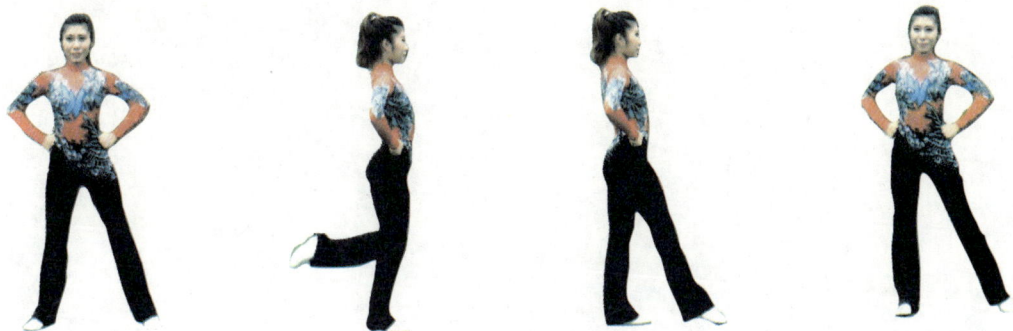

图 9-30 第四个 8 拍动作

图 9-30　第四个 8 拍动作（续）

知识窗：

　　二级为健美操大众锻炼标准的初级套路，二级的练习是进行中低强度的有氧练习，并出现了 45°～90° 的方形变化，路线以简单的前后和左右动作为主。此套路可按成套动作顺序分组合进行练习，并根据每一组合的难易程度进行示范讲解并练习，然后进行下一组合的练习。

第十章　游　　泳

　　游泳，是人类凭借自身动作，使身体在水中游动的一项有意识的技能活动。很多人都喜欢游泳，在健身会所，游泳池是最热闹的，不管男女老少，皆能一展身手。游泳是一项健康的有氧运动，它不但能够让全身都运动起来，还能给身体带来很多好处。

　　游泳的泳姿很多，主要有蛙泳、自由泳、仰泳和蝶泳等。希望通过本章节内容的学习，中职的学生能够体会到游泳的乐趣，并积极地投入游泳运动中。

第一节　游泳运动概述

一、游泳运动的起源与发展

　　游泳是一项古老的运动，史前时代人们就要靠游泳渡过江河。现代游泳运动起源于英国。自 1896 年第一届现代奥运会以来，游泳就成为奥运会的比赛项目了。1896 年奥运会只有 4 项游泳比赛。这些年来，比赛项目逐渐增多，2008 年的奥运会游泳赛事已经增至 34 项。金牌总数仅次于田径运动。

　　我国记载中的游泳始于 5 000 年前。虽然我国历史悠久，水域辽阔，但游泳作为一个体育项目得以发展还是近几十年。在 1992 年巴塞罗那奥运会上，庄泳获得了 100 米自由泳金牌，这是中国运动员获得的第一枚奥运会游泳金牌。随后我国游泳运动员在世界泳道上披荆斩棘，五星红旗在世界游泳赛场屡屡升起，截止到 2016 年里约奥运会，我国游泳健儿已经取得了 13 枚奥运金牌。

二、游泳运动的价值

（一）健身价值

（1）经常参加游泳运动，能有效地促进身体全面、匀称、协调发展，能使肌肉发达、富有弹性，能增强呼吸系统功能，加大肺活量。

（2）水温的刺激和压力对心血管系统也提出了更高的要求。长期参加游泳锻炼，心肌发达，心脏收缩能力强，大大提高了心脏的工作效率。

（3）游泳时水对皮肤表层有按摩作用，可促进血液循环，使皮肤光洁。由于人在水中比陆地上运动消耗的热量要大得多，所以游泳被认为是一项减肥效果极佳的运动。

（4）冬泳可提高皮肤血管的收缩扩展能力和中枢神经系统对体温的调节功能，从而提高机体对气温变化的适应能力，还能锻炼人的坚强意志。

（二）教育价值

坚持游泳锻炼，还能培养学生勇敢、顽强、坚忍不拔、吃苦耐劳、处事果断、自尊、自信、相互帮助的合作精神等优良品质。

三、游泳运动的比赛规则

（一）游泳比赛中的出发

（1）自由泳、蛙泳、蝶泳的各项比赛必须从出发台起跳出发，仰泳项目在水中出发。当听到总裁判发出长哨声信号后，运动员应站到出发台上；仰泳运动员应立即下水。在总裁判发出第二声长哨时，仰泳运动员应迅速游回池端做好出发准备；仰泳运动员在水中做好出发准备。当所有运动员都处于静止状态时，发令员应发出"出发信号"。

（2）运动员如在"出发信号"发出之前出发，应判出发抢跳犯规。第一次出发抢跳犯规，发令员就应召回运动员并组织重新出发。第一次出发抢跳犯规以后，无论哪个运动员抢跳犯规（无论该运动员是第几次犯规），均应取消其比赛资格或录取资格。如果在"出发信号"发出之后发现运动员抢跳犯规，应继续比赛，在该组比赛结束后取消犯规运动员的录取资格。

（二）游泳比赛和犯规

（1）运动员必须在自己的泳道内比赛完毕，否则即算犯规。

（2）游出本泳道，或用其他方式干扰、阻碍其他运动员者应取消其录取资格。

（3）比赛中运动员转身时必须使身体某一部位触及池壁。转身必须从池壁完成，否则即算犯规。

（4）在比赛中，运动员不得使用或穿戴任何有利于其速度、浮力的器具（如手、脚蹼等，但可戴护目镜），否则即算犯规。

（5）每一个接力队应有 4 名队员，接力比赛中任何一名队员犯规即算该队犯规。任何接力队员在一次接力比赛中只能参加一棒比赛。

（6）接力比赛时，如本队的前一名运动员尚未触及池壁，而后一名运动员即离台出发，应算犯规。如该运动员重新返回并以身体任何部位触及池壁再行游出时，不作犯规论。

知识窗：

游泳所需设备

要选择舒适、有弹性的泳衣，还可以带上游泳辅助材料。例如，手蹼、鼻夹、泳镜等。这可以有助于游泳练习更加简单有效。记住，在每次游泳结束后要清洗每一样器材。这样氯（游泳池中的消毒剂）才不会腐蚀装备。

第二节　熟悉水性练习

一般来说，初学者应先进行熟悉水性的练习，然后根据自身的情况选择泳姿进行练习。

熟悉水性是初学者游泳教学中的第一课，是学习各种游泳泳姿前一个重要的过渡性练习，是游泳教学中的一个重要环节和组成部分，也是初学者入门必经的阶段。熟悉水性的目的主要是让初学者初步体会和了解水的特性，逐步适应水的环境，消除怕水的心理，掌握游泳中一些最基本的动作，如呼吸、漂浮、滑行、踩水和站立等动作，为以后学习和掌握各种竞技游泳技术打下基础。

一、呼吸

呼吸是游泳时最基本的前提条件。在学习游泳技术的起始阶段，首先要掌握的技术环节是呼吸。如果在游泳时无法舒适地进行呼吸，游泳的速度和距离都会受到限制。

游泳时的呼吸要掌握一定的节奏，即头在水面上时，短促地吸气；在水下时，通过嘴和鼻子缓慢地进行呼气，或者也可以快速的呼出气体。

先练"沉",后练"浮"。

练习时应选择人体站立后水面至胸腰部位深的地方,深吸一口气沉入水中。在水中用鼻嘴同时吐气,当头露出水面后再深吸气。如此反复进行练习(图10-1)。

图10-1 练习游泳中的呼吸

二、漂浮

(一)蘑菇漂浮

深吸一口气,将脸埋入水中,夹紧双腿,并用手臂抱紧沉入水中。下沉一会儿后,就会慢慢浮出水面(图10-2)。

(二)水平漂浮

尽可能地将身体与水平面保持水平,头放在水中(图10-3)。

图10-2 蘑菇漂浮

图10-3 水平漂浮

(三)滑行

蹬池壁滑行(图10-4)。

图 10-4　滑行

三、踩水

　　将双臂架于体前，双手接近水面，向外、向内划水；两腿轻轻地、垂直地用蛙泳的腿部动作踢水。还可以试着活动双腿，就好像在蹬自行车一样（图 10-5）。

图 10-5　踩水

知识窗：

水的阻力

　　在一定的压力和温度下，水的密度比空气大 1 000 多倍。在跑步时，消耗的能量，大部分都能使身体前进。但游泳却不同，在游泳时消耗的大部分能量都被用来克服阻力了。世界高水平的游泳运动员最多能达到 9% 的前进效率，而其余的 91% 都用来克服各种形式的阻力。水平较低的运动员效率更低，也许只有 2% 的能量使身体前进。

　　当人在水中游进时，主要有三种类型的阻力从外界作用于人体：形状阻力；波浪阻力；表面阻力。

第三节　基本技术

一、蛙泳

　　蛙泳是模仿青蛙的游泳动作而形成的一种游泳姿势，是最古老的一种泳姿。蛙泳动作省力，抬头呼吸比较容易，较适合初学游泳的人。游蛙泳时，身体保持俯卧姿势，与水面平行，两臂和两腿的动作在同一水平面上同时并对称进行。

（一）动作要领

（1）身体姿势：头部和臂部尽量保持高位、身体以胸部为基准（图 10-6）。

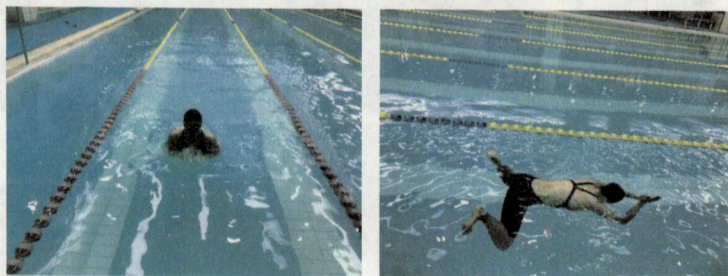

图 10-6 蛙泳身体姿势

（2）手臂动作：向外划、抱水、向下划、向内划、伸展（图 10-7）。

图 10-7 蛙泳手臂动作

（3）蹬腿：伸展、收腿、外蹬腿、下蹬腿、内蹬夹腿（图 10-8）。

图 10-8 蛙泳蹬腿

图 10-8　蛙泳蹬腿（续）

（4）呼吸：在手臂做有力的内划动作时呼吸（图 10-9）。

图 10-9　蛙泳呼吸

（5）节奏：保证蹬腿动作在双臂伸展时完成（图 10-10）。

图 10-10　蛙泳节奏

（二）学练方法

1. 蛙泳腿的学练方法

蛙泳腿的技术要领口诀：边收边分慢收腿，向外翻脚对准水；弧形向后蹬夹水，伸直并拢漂一会儿。

（1）水中手扶游泳池壁蹬水练习。手扶池壁，身体平卧浮于水中，髋关节展开，两腿放松伸直并拢，做收、翻、蹬夹、停的动作，先分解再连贯起来做。也可以双人练习（图 10-11）。

图 10-11　手扶游泳池壁蹬水练习

（2）手扶浮板蹬腿练习。扶住浮板的远端，两臂伸直，做蛙泳蹬腿动作（图10-12）。

图 10-12　手扶浮板蹬腿练习

（3）滑行做蛙泳腿的练习。蹬壁或蹬池底滑行后做蛙泳腿，要求两腿蹬水后漂浮的时间要长一些，注意蹬腿效果和动作节奏（图10-13）。

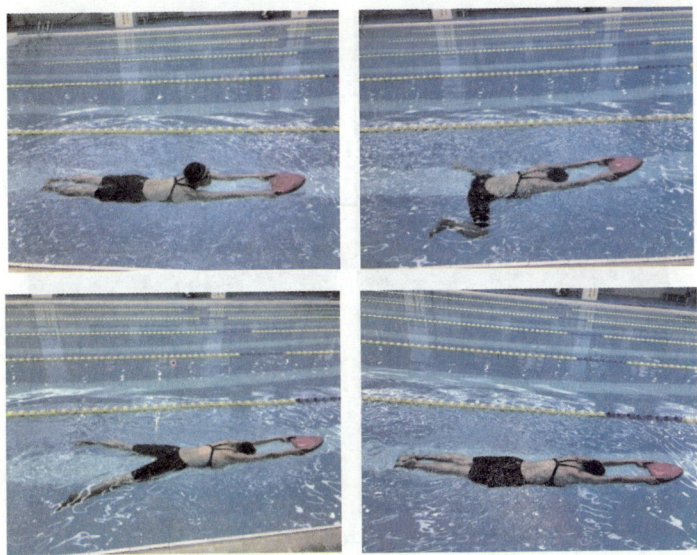

图 10-13　滑行做蛙泳腿的练习

2. 蛙泳划水与呼吸配合学练方法

臂和呼吸配合技术要领口诀：低头伸臂慢呼气，划臂抬头快吸气。

（1）陆上模仿练习（图 10-14）。

图 10-14　陆上模仿练习

（2）水中原地练习模仿（图 10-15）。

（3）腿夹浮板划水练习。只靠手臂的划行向前游（图 10-16）。

（4）陆上模仿蛙泳配合练习，进一步学习蛙泳上肢和下肢以及呼吸的配合练习，掌握配合的节奏（图 10-17）。

145

图 10-15　水中原地练习模仿

图 10-16　腿夹浮板划水练习

图 10-17　陆上模仿蛙泳配合练习

3. 蛙泳完整配合练习

（1）手腿配合技术要领口诀：划水腿不动，收手后收腿；先伸胳膊再蹬腿，臂腿伸直并拢漂一会儿（图 10-18）。

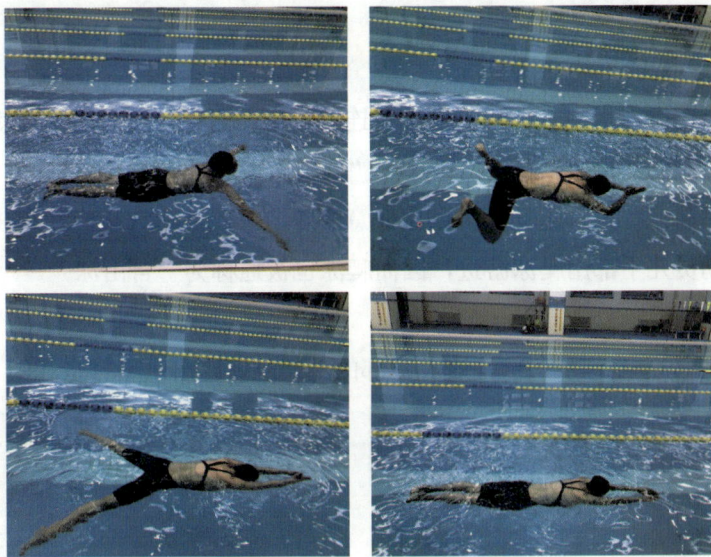

图 10-18　手腿配合

（2）水中划臂蹬腿分解练习（图 10-19）。

以蹬池壁向前滑行的姿势做分解动作练习。先进行手臂的划水练习配合抬头呼吸，再练下肢的蹬水练习，每次的动作完成后都恢复到身体伸直的滑行姿势上。

图 10-19　水中划臂蹬腿

（3）完整配合练习。

如果能将手臂划水动作与双腿蹬水动作很好配合，即掌握了蛙泳技术。

知识窗：

游泳时耳朵进水的两种处理办法

（1）吸引法。其做法是：将头偏向进水耳朵的一侧，用手掌压紧进水的耳朵，屏住呼吸，然后迅速提起手掌，反复几次，将水吸出来。

（2）跳空法。其做法是：站在泳池外或岸上，将头偏向进水耳朵的一侧，以该侧的腿支撑身体，原地连续跳几次，使水流出。

二、爬泳（自由泳）

爬泳是身体俯卧在水中，两腿上下交替连续打水，两臂轮流向后划水使身体向前游进的一种姿势。由于动作很像爬行，故被称为"爬泳"（图10-20）。

由于在自由泳比赛中，运动员可以用任意姿势游进，而爬泳是四种竞技游泳项目中速度最快的，运动员几乎都用爬泳游进，因而爬泳也被通称为"自由泳"。

（一）动作要领

（1）身体姿势：身体尽可能平直，腿部的动作刚好露出水平打水（图10-21）。

图10-20 爬泳　　图10-21 爬泳身体姿势

（2）手臂动作：入水、伸展、抱水、向内划、向上划、移臂（图10-22）。

图10-22 爬泳手臂动作

（3）打腿：双腿并拢，膝部不要过度弯曲，向下打腿（图10-23）。

（4）呼吸：头朝肩膀出水面转动时呼吸。有轻呼吸和爆发式呼吸两组方式（图10-24）。

图 10-23 爬泳打腿　　　　　　　　图 10-24 爬泳呼吸

（5）节奏：打腿 2、4、6 次，两臂各划水一次（图 10-25）。

图 10-25 爬泳节奏

（二）学练方法

1. 爬泳腿的学练方法

爬泳腿的技术要领口诀：大腿发力带小腿，两腿交替来打水。先练直腿打水，再过渡到屈腿鞭状打水。

（1）陆地上打水的练习（图 10-26）。

（2）扶池边练习自由腿练习（图 10-27）。

图 10-26 陆地上打水练习　　　　　　图 10-27 扶池边练习

（3）浮板打水练习（图 10-28）。

（4）漂浮打水练习（图 10-29）。

图 10-28　浮板打水练习

图 10-29　漂浮打水练习

2. 爬泳划水的学练方法

爬泳划水的技术要领口诀：移臂放松肩前插，手掌小臂对准水；沿着中线把速加，两臂轮流交替划。

（1）陆上的模仿练习。先在陆地上体会正确的划水动作（图 10-30）。

图 10-30　陆上的模仿练习

（2）水中练习。以肩为轴，用肘关节划圆。水的深度以到达肩部为宜（图 10-31）。

图 10-31　水中练习

3. 爬泳的呼吸学练方法

爬泳呼吸的技术要领口诀：头在水中慢吐气，转头张嘴快吸气。

（1）陆上练习。走动中做呼吸练习。

（2）水中练习。使用浮板练习（图10-32）。

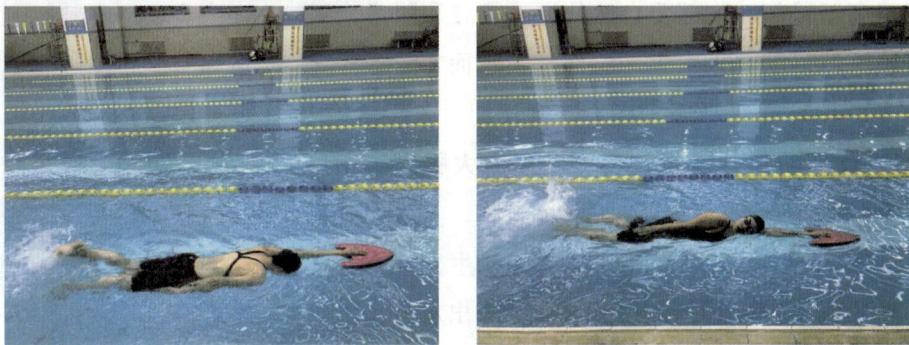

图 10-32 水中使用浮板练习

4. 爬泳完整技术练习

在最初练习时，要着重靠手臂划水向前游动行进的感觉。

（1）不换气的爬泳手腿配合练习（图10-33）。

图 10-33 不换气的爬泳手腿配合练习

（2）换气的爬泳完整配合练习（图10-34）。

图 10-34 换气的爬泳完整配合练习

三、仰泳

（一）动作要领

身体姿势：身体几乎平直地仰卧在水中，头和肩略高于臂部，胸部要自然伸展，腰腹和腿部保持水平，后脑浸入水中，脸部露出水面（图10-35）。

（1）腿部动作：以髋关节为轴，由大腿发力，带动小腿和脚，形成鞭打向后踢水动作。

（2）臂部动作：仰泳的臂部动作是产生推进力的主要因素，可分为入水、抱水、划水、出水和空中移臂几个部分（图10-36）。

图11-35　仰泳身体姿势

图10-36　仰泳臂部动作

（3）完整技术动作：仰泳常见的是6次打腿、2次划臂、1次呼吸的完整技术动作。

（二）学练方法

（1）同伴托扶打水练习（图10-37）。

（2）手托浮板练习仰泳腿（图10-38）。

（3）仰卧滑行打腿（图10-39）。

图10-37　同伴托扶打水练习　　　图10-38　手托浮板练习　　　图10-39　仰卧滑行打腿

（4）陆上模仿仰泳臂划水动作练习（图10-40）。

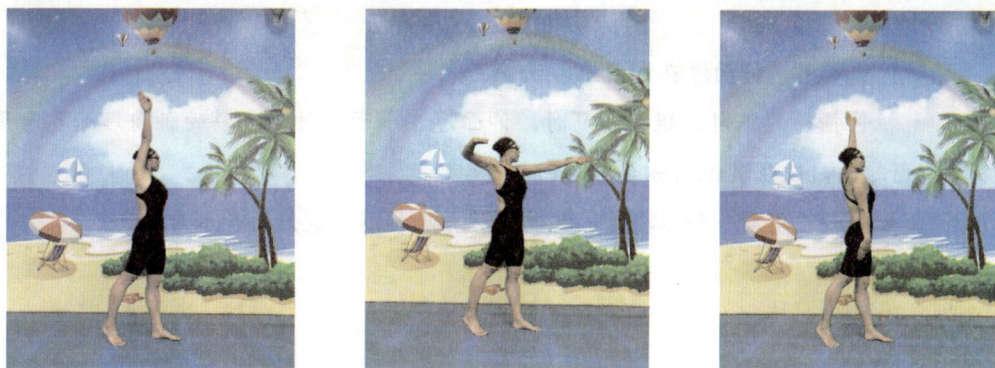

图 10-40　陆上模仿仰泳臂划水动作练习

（5）两臂轮换划水练习（图 10-41）。

图 10-41　两臂轮换划水练习

（6）手腿完整配合练习。

知识窗：

游泳的安全知识

（1）做好准备活动：由于游泳池水温低于人体体温（一般 27 ℃左右），下水前一定要做好充分的准备活动，以使颈、肩、腰、膝等关节和全身肌肉活动开，避免下水后发生抽筋等现象。

（2）识别游泳池深浅区：尤其是初学者，到游泳池后应分清深浅区，以免误入深水区发生危险，要量力而行。

（3）不推人入水：在游泳池中与人开玩笑、打闹一定要掌握好分寸，注意场合。如果在同伴毫无准备的情况下，突然推人入水，可能会落在水中游泳的人身上，或者落入水中呛水，极易发生意外伤害事故。

（4）在天然水域游泳时，必须对水的深浅、水底有没有污泥、有没有丛生的水草等情况了解清楚，在指定的范围内游泳，并带好救生圈、救生衣等游泳辅助器材，不能游出规定的区域。要注意天气预报，禁止在暴风雨时游泳。同时，绝对不能单独游泳。

153

游泳中抽筋的应急方法

（1）停止游动，仰面浮在水面上。

（2）拉伸抽筋的肌肉。腿部抽筋时，仰面浮在水面，伸直抽筋的肌肉，必要时用手拉直。舒缓后，改用其他游泳姿势游回。

（3）如果必须用同一种泳姿时，就要提防再次抽筋。最好离开水面休息。

第十一章　冰雪运动

冰雪运动又称为冬季运动，是在冰雪场地借助各种装备工具进行的冬季体育运动。现在也有人工的冰雪场地，所以即使在我国南方也有很多城市建造了室内制冷冰场。冰雪运动已经不受地域和季节限制了。冰雪运动通常分为冰上运动和雪上运动两大类。竞技娱乐，老少皆宜。

第一节　冰雪运动概述

一、冰雪运动的起源与发展

在人类的远古时代，北欧的游牧民族为了在恶劣的自然环境中生存和生活，发明了可以替代行走的类似于现在滑雪板的工具，可以在雪原中快速驰骋、狩猎等。之后，他们又将动物的甲骨绑在脚上，在冰上进行滑行。随着时代发展，工具不断地变化和改进，渐渐地冰雪运动的实用价值已经逐渐降低，由于这些运动更贴近自然、贴近生活而被人们广泛接受，逐渐演变成了竞技运动。

19世纪，冰上运动开始演变为竞技体育项目，向着专项化方向发展。1892年，国际滑冰联盟在荷兰成立，这是冰上项目第一个国际单项体育联合会，也是目前冬奥会七大国际单项体育组织中成立最早的一个。冰上项目与奥运会的渊源也要早于雪上项目。1908年举办的第四届夏季奥运会上，花样滑冰就成为比赛项目，这是冰雪运动首次进入奥运会。1920年举办的第七届夏季奥运会上，冰球也先于雪上项目成为奥运项目。冬奥会历史上的第一枚金牌也来自冰上项目。1924 年在法国夏蒙尼举行的第一届冬奥会上，男子速度滑冰 500 米成为首金项目，美国运动员查尔斯朱特劳获得金牌。发展到现在冰雪运动内容丰富，形式多样。冰上运动主要包括速度滑冰、短道速滑、花样滑冰、冰球和冰壶等。雪上运动主要包括高山滑雪、单板滑雪、越野滑雪、跳台滑雪、自由式滑雪、冬季两项、北欧两项、有舵雪橇、无舵雪橇、俯式冰橇等。

我国早在宋代就出现了"冰嬉"，元代以后"冰嬉"更为盛行。19 世纪末，现代滑冰运动开始传入我国。新中国成立后，参加滑冰运动的青少年逐年增多。如今，冰上项目尤其是短道速滑已成为我国冬季项目中的强项。

二、冰雪运动的价值

（一）健身价值

冰雪运动是一项全身性的运动，能全面提高人体的力量、速度、灵敏、耐力等身体体能。它既能改善学生的呼吸机能，又能增强学生手臂、腿、腰、腹等肌肉的力量以及身体各个关节的灵活性，特别是对其平衡能力有很大促进作用。在滑冰或滑雪时，由于表面较滑，再加上冰刀和雪橇的支撑面较窄，由于学习之初经常因为失去平衡而摔倒，经过一段时间的练习后，就会发现自己不仅可以在冰面上或雪地上自由地滑行，还可以做一些技术动作时。就会发现自己的协调性和平衡能力得到了充分的锻炼与提升。

（二）教育价值

冰雪运动的各种身体活动，能够锻炼人们的身体，磨砺意志，增强勇气，培养结实健壮的体魄、百折不挠的意志品质、不畏艰险以及乐观向上的精神。在与冰、雪的亲密接触中能体味到冰雪世界的无限魅力，体验到冰雪带给人们的快乐情绪，激发热爱冰雪运动、热爱大自然的情感。

第二节　滑　　冰

滑冰是一项集力量、耐力、速度、协调、柔韧、灵活、平衡、优美、稳定于一身的运动项目。滑冰不仅能够增强人体的平衡能力、协调能力以及身体的柔韧性，同时还可增强人的心肺功能，提高有氧运动能力。本节内容主要是速度滑冰的基本学练方法。

初识滑冰运动：两刀平刃支撑，两脚与肩同宽，两腿屈膝深蹲，重心适中，双肩放松，上体前倾，上体放松呈"弓"状，与地面平行或肩稍高于臀，头微抬起，目视前方。滑动时，移动重心，当重心放在左腿上，右腿用内刃蹬冰，将体重推送到向前滑行的左腿上，右腿蹬冰后迅速与左腿拢成两腿平刃滑进，借助惯性使身体向前滑行，重心在右腿时，左腿做同样动作，配合摆臂动作，左右交替蹬冰进行，随速度变化、路线变化调整自己身体姿态来调整滑行。

一、陆地模仿

陆地模仿练习是冰上滑行的基础，陆地模仿练习一定要做到：动作正确，规范化、定型化。这种练习是诱导性的，比在冰上要容易得多，只要认真对待将有助于滑行技术的形成。在上冰之前准备活动中，都应适当做这些练习。

（一）基本姿势练习

（1）动作要领：两脚并拢，屈膝下蹲，膝盖前顶，上体自然弯曲，两手互握于背上，头微抬起，目视前方（图11-1）。

（2）练习方法：体重放于脚掌上，膝盖前顶要超出脚尖，全身各部肌肉自然放松。

（3）动作要求：背部放松，膝盖前顶，足、背和小腿间角度不要过大。

图 11-1　滑冰的基本姿势

知识窗：

	这是速滑鞋，穿它可以快速滑跑。
	这是冰球鞋，擅长急滑急停、变速变向。
	这是花样滑冰鞋，鞋的前方有刀齿。

（二）单脚支撑练习

（1）动作要领：由基本姿势开始，将一腿后引，另一腿保持基本姿势。两腿交替进行后引练习（图11-2）。

（2）练习方法：重心放在支撑腿上，膝盖尽量前顶；后引腿的膝盖与支撑腿保持一拳的距离，小腿与地面平行，足尖自然下垂；收腿时，大腿带动小腿收到原位。

（3）动作要求：身体不要左右摇晃或上下起伏，后引腿不要紧张。

（三）单腿侧蹬练习

（1）动作要领：由基本姿势开始，一条腿侧蹬，另一条腿保持原姿势支撑身体，收腿时按原路线收回，重心移动，再换另一腿，反复练习。注意三点（鼻尖、膝盖、脚尖）一线（图11-3）。

图11-2　滑冰的单脚支撑　　　　　　图11-3　滑冰的单腿侧蹬

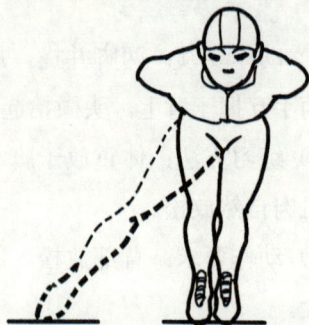

（2）练习方法：侧蹬脚要轻擦地面，向侧方蹬出并伸直；收腿时，大腿带动小腿，平稳地放于原位。

（3）动作要求：侧蹬时，方向不能向侧后；换脚时身体要平稳，重心不能有起伏。

二、冰上站立及行走

（1）动作要领：站立时，呈外八字，双膝内屈，微收腹，脚踝立直；行走时，呈外八字，脚跟靠拢，交替迈步，平刃着冰，重心要稳，目视前方（图11-4）。

（2）练习方法：扶持情况下支撑体会冰刀刀刃变化（内、平、外刃）及脚的支撑平衡感觉。逐渐在进行扶持移动过渡到冰上站立行走。由原地移动过渡到滑行移动。

（3）动作要求：要屈膝关节降重心，上体背弓呈流线型，双臂放松；两刀刃不能分开过大，以冰刀平刃支撑冰面。

图 11-4 冰上站立及行走

三、冰上滑进（图 11-5）

（1）动作要领：上体不动，侧后蹬冰，收腿靠拢，平刃滑行，快速收腿，膝盖前顶，三点一线，重心要平。

（2）练习方法：保持鼻、膝、刀三点成一线的自由滑行姿势练习，支撑腿冰刀用外刃过渡到平刃支撑滑行，练习时身体要放松，由双刃滑行逐渐过渡到单腿支撑滑行。

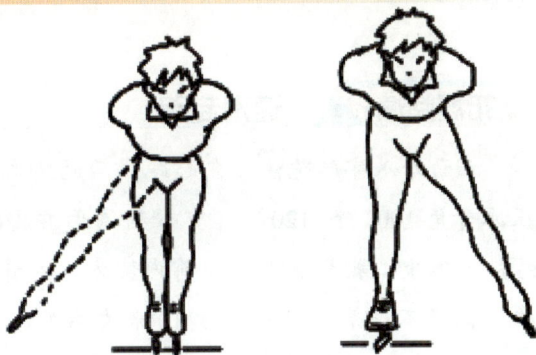

图 11-5 冰上滑进

（3）动作要求：身体重心位于冰刀中后部上方，保持两肩平稳，上体朝着滑行方向，保持基本滑行姿势，无起伏或摇摆。

四、制动（图 11-6）

（1）动作要领：在滑行中，重心稍后移，膝盖内扣，刀尖向内，刀跟向外分开形成两脚八字，内刃压擦冰面形成制动力，速度减慢而停止，也称为梨状停止法。

（2）练习方法：在慢速滑行的基础上练习基本动作，逐渐熟练。先练习直道停止法过渡到弯道停止法。

（3）动作要求：身体重心后移成后坐姿势，用两刀内刃压冰，保持身体平稳停止。

滑冰能力的提升，一定要按照个人的身体素质以及在对冰上运动技能规律掌握的基础上逐渐学习和提高。对初学者来说，先学习陆地的模

图 11-6 冰上制动

仿过渡到冰上适应性练习；先行走后滑行；先高姿势滑行后低姿势滑行；先单蹬双滑后单蹬单滑。

知识窗：

　　初学滑冰，首先要解除怕在冰上摔倒的恐惧心理，学会如何适应摔倒和如何摔得巧，掌握摔倒后的自我保护方法。一旦身体重心失去平衡时要头脑清醒、冷静，及时采取防护措施，即迅速屈膝降低重心，采用团身侧倒的方法。其具体方法是放松、重心降低、不挣扎、不反抗就势滑倒，不能正面屈膝跪着摔，也不能用手臂支撑着摔，更不能头朝后仰着摔。冰上滑倒只要不是外力引起，多是前后倒。如果向后倒，要收腹、团身，下坐滑倒；如果向前倒，要下蹲偏左侧或偏右侧倒，以防膝部、手臂和头部受伤。

拓展阅读：　速滑起跑

　　正面外八字起跑法：在起跑线后两脚成外八字站立，两脚内刃压冰开角 100°～120°，重心稍偏于右脚，两腿微屈，两膝侧前弓，身体重心投影点在两刀前内侧方。左臂自然下垂，右臂则后平举，高度不过肩，目视前方 10 米左右处，当听到口令后立即启动（图 11-7）。

图 11-7　速滑起跑

　　启动由三个部分组成：右脚迅速蹬冰、送髋、蹬直，左脚迅速提起向前跑出；上体急剧向前倾倒；左臂向后摆动，右小臂带动大臂积极前摆，完成启动，接着进行疾跑。疾跑，一般 6～7 步，它的特点是两脚有节奏地向前踏切式跑动，每脚落在重心投影点上，两小臂积极摆动，通过疾跑产生适宜速度后，便衔接为正常直道摆臂滑跑。起跑要领：启动时，右脚蹬冰，上体前倾，第一步不能过大；疾跑时，由后蹬冰逐渐转为侧蹬冰，蹬冰角由大到小，步幅由小到大。

第三节　滑　雪

　　参与滑雪运动能够全面提高身体素质，促进中枢神经系统、心肺功能、反应判断能力的协调发展；雪上运动参与人群广泛，男、女、老、少都可以在其中尽享滑雪的乐趣与魅力，能够加深人们对健康及安全的理解；通过滑雪的技能实践，滑雪者能够体会战胜困难、不断追求的精神，形成开朗、豁达、乐观的人生观及助人为乐的良好品德。常见的雪上运动项目有高山滑雪和单板滑雪等。

知识窗：

高山滑雪起源于阿尔卑斯地区，故又称"阿尔卑斯滑雪"或"山地滑雪"。高山滑雪是在越野滑雪基础上逐步形成的。而越野滑雪起源于北欧，故又称北欧滑雪。据记载，1226 年挪威内战期间，两名被称为"桦木腿"的侦察兵，怀藏两岁的国王哈康四世，滑雪翻越高山，摆脱了敌人。现挪威还每年举行越野马拉松滑雪赛，距离 35 英里（56.33 千米），与当年侦察兵所滑路程相同。

1850 年挪威的泰勒马克郡出现改变方向和停止滑行的旋转动作。1868 年挪威滑雪运动奠基人诺德海姆等人在奥斯陆滑雪大会上表演了侧滑和 S 形快速降下技术。1890年奥地利的茨达尔斯基发明适合阿尔卑斯山地区特点的短滑雪板及滑行技术，1905 年他在维也纳南部的利林费尔德进行了高山滑雪史上第一次回转障碍降下表演。

1924 年，越野滑雪被列为冬奥会比赛项目。越野滑雪技术分为传统式和自由式滑行技术两种；1936 年，高山滑雪被列为冬奥会比赛项目。

初学高山滑雪运动：两脚平行站立，利用手腕力量将两雪杖向后推动，使身体和两滑雪橇同时向前滑行前进。随地形、速度、方向的变化，变换身体重心和雪橇的使用来控制滑行的运动。

一、在雪地上自如移动的能力

（一）原地转向

原地踏步转向技术有两种，分别采用雪板前端固定和后端固定来实现转向。

1. 前端固定原地转向

原地站立，板头保持不动，一只板的板尾打开向外侧移动，另一只板跟进收拢至双板平行，再次重复动作向相同方向转动，反复多次完成原地踏步转向（图 11-8）。

2. 后端固定原地转向

原地站立，板尾保持不动，一只板的板头打开向外侧移动，另一只板跟进收拢至双板平行，再次重复动作向相同方向转动，反复多次完成原地踏步转向（图 11-9）。

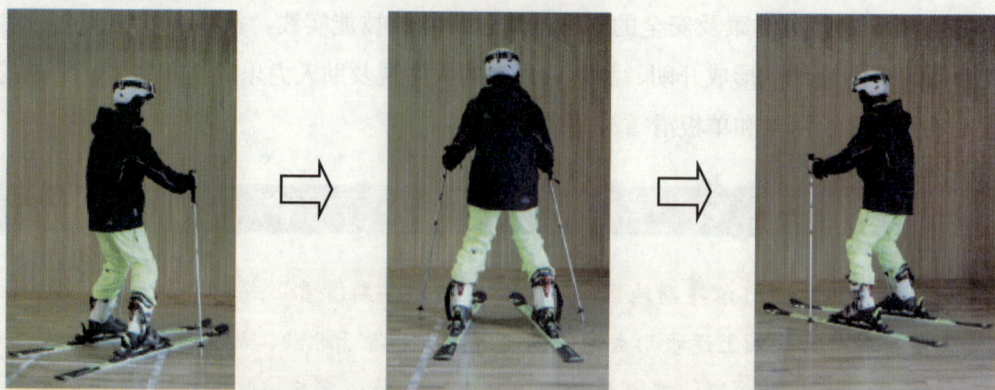

图 11-8 前端固定原地转向

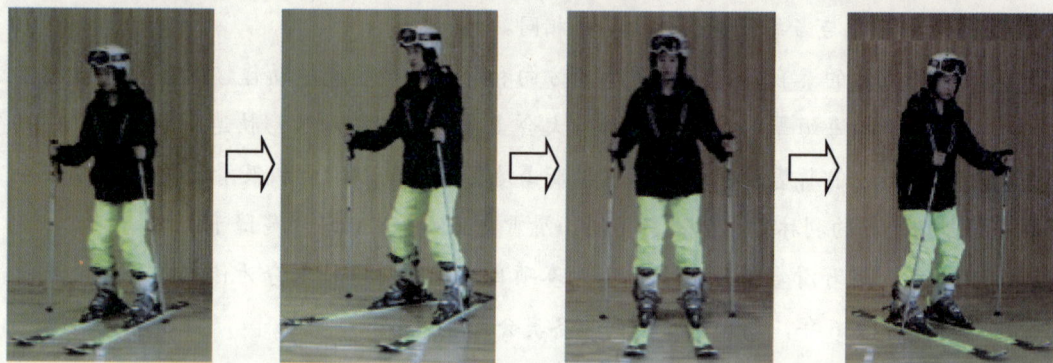

图 11-9 后端固定原地转向

（二）平地滑行

1. 同时推进技术

双杖前摆同时身体重心向前移动；双杖在固定器的前端两侧插入雪面；降低重心，上体下压雪杖，双臂向后用力撑动。动作结束后，上体自然抬起呈滑行基本姿势准备下一次推进。滑行过程中，两臂同步摆动，撑动雪杖直至双臂伸直（图 11-10）。

图 11-10 同时推进

2. 雪地走滑技术

穿上雪板，双手持杖，两板内距 15 厘米左右，双腿微曲，身体稍前倾，前支撑，模仿步行，交替蹬雪，小步滑动，双手自然撑杖。逐渐体会雪中行走感觉（图 11-11）。

图 11-11　雪地走滑

（三）安全摔倒与站起

1. 安全摔倒

当身体失控即将摔倒时，迅速降低重心，身体偏向一侧；扔掉雪杖，顺势向侧倾倒同时保护好头部，应尽量避免身体向后倒下（图 11-12）。

图 11-12　安全摔倒

2. 摔倒站立练习

八字站起：（图 11-13）调整身体使头朝山上雪板朝向山下，趴在雪面呈俯卧状态；两雪板呈外八字板形，用雪板内刃刻住雪面，双手撑地交替向后推起上体，直到完全站起。

图 11-13　八字站起

二、平行直滑降

　　直滑降是在雪道上直线向下滑行的技术，如果坡面较缓滑行者可以采用双板平行向下滑行，即平行直滑降（图 11-14）。初学者平行直滑降练习时可以采用较高的滑行姿势，保持两板之间的宽度与髋同宽；在滑降过程中注意根据坡度调整身体重心位置，保持居中且灵活的站姿，避免重心落后；随着速度的不断增加，应适当降低重心，并保持两腿微屈以适应随时变化的速度和地形。

图 11-14　平行直滑降

三、控速滑行——犁式直滑降

　　犁式直滑降是减速的直滑降技术。在滑降过程中，上体放松，两臂向前分开呈环抱状，目视前方，双膝微屈立板立刃，双板呈前窄后宽的八字板形并均匀承担体重；两板头保持一拳左右的距离，板尾宽度的大小与控制速度有关，随着滑降速度的增加逐渐增大板尾的宽度，加大立刃的强度，用板刃刻住雪面向外推雪，以达到控制速度的目的（图11–15）。犁式滑降可以采用高姿势或低姿势，高姿势适用于较缓的坡面，随着坡度增大、速度增加，应适当降低重心。

图 11–15　犁式直滑降

　　滑雪运动中除了高山滑雪（也称为双板滑雪）还有单板滑雪运动，在运动技能方面，都是运用滑雪用具时涉及走、滑、蹬、转、跳、停等动作，而且要考虑和运用力量来完成幅度的变化进行调整平衡，具有挑战性、刺激性、平衡性、艺术性等特征。

拓展阅读：　滑雪场地

　　大众滑雪场地或旅游滑雪场地，对滑雪道长度没有统一标准，主要是根据实际的地形及企业经营需求来设计滑雪道的长度及难度配置，一般情况下初级道控制在300米左右，中级道控制在500～1 200米，高级道由于利用率及坡度等条件限制，没有比赛训练需求，一般没有预设。正规比赛还是要按照国际雪联比赛场地标准进行修建。

第十二章 武 术

武术是以技击动作为主要内容，以套路和格斗为主要形式，注重内外兼修、形神兼备的中国传统体育项目。武术作为我国民族传统体育中的代表项目，被誉为中华民族的国粹，早已走向世界，成为世界性的健身手段和竞技项目。

对于中职学生而言，不但要掌握一定难度的武术套路或对练，而且要了解武术所蕴含的养生、健体、强身的体育价值，以及了解武术在传承中华文明等方面具有其他体育运动项目所不可替代的独特作用。

第一节 武术运动概述

一、武术的起源与发展

武术起源于中国。中国武术是中华民族在长期的生产劳动，与大自然的搏斗和冷兵器时代的战争中逐步形成与发展起来的一种体育项目。中国武术的起源可以追溯到原始社会。

中国武术自唐宋后，就逐渐传向国外。日本、朝鲜及东南亚国家习武者不少，形成一些武术门派。在欧美国家，中国武术的影响也非常深远，被称为"功夫"。很多西方人认识中国文化首先是从了解中国武术开始的。中国武术是中国人民对世界文化的重要贡献。

新中国成立后，武术运动发展非常迅速。1957年将武术列为体育竞赛项目，1958年制定了第一部《武术竞赛规则》，编定了拳、刀、枪、剑、棍五种竞赛规定套路。推进了武术训练的系统化、规范化和科学化，促进了武术运动技术水平的提高。

武术运动进入大、中、小学课堂，走进军营，农村的武术活动也日益活跃。不少地方甚至"武术搭台，经贸唱戏"，积极开发武术资源。

我国从小学生到大学生，从俱乐部到协会，每年都会举行各级各类的武术教学、培训和比赛，为广大武术爱好者提供展示的平台。作为中国宝贵的文化遗产，武术正受到世界的瞩目。据不完全统计，已有七十多个国家和地区开展武术运动，随着许多国家和地方出现的"武术热"，世界上武术团体如雨后春笋纷纷成立，推动武术向广度和深度发展。近年来国际武术比赛频频举行，促进了各国武术技术水平的提高，目前可以说中国武术已经具备了"入奥"的基础和条件。

二、武术的价值

（一）健身价值

1. 壮内强外的健身作用

武术由于注重内外兼修，对身体有着多方面的良好影响，经常练习能收到壮内强外的效果。例如长拳类套路，包括屈伸、回环、跳跃、平衡、翻腾、跌扑等动作，通过内在神情的贯注和呼吸的配合以及人体各个器官的参与对人体的反应速度、力量、灵巧、耐力都有良好的促进作用。太极拳和许多武术练功方法一样，注重调息运气和意念活动，长期练习对治疗多种慢性疾病和调节人体内在环境平衡均有良好的医疗保健作用。

2. 提高防身自卫能力

武术以技击动作为主要内容，通过练习，不仅可以增强体质，还可以学习一定的攻防格斗技术，掌握防身自卫的知识和方法，提高人体的灵活性和对意外情况的应变能力。

（二）教育价值

武术一向重礼仪、讲道德。"未曾学艺先学礼，未曾习武先习德。"培养习武者尊师重道、讲礼守信、宽以待人、严于律己等良好的心理素质和高尚的道德情操。

练武对意志品质考验是多方面的。练习基本功，要不断克服肌肉、关节疼痛关，"冬练三九夏练三伏"，持之以恒，坚持不懈的意志品质。套路练习，要克服枯燥，培养刻苦耐劳，勇于开拓进取的品质。遇到强手，要克服消极逃避关，锻炼勇敢无畏、坚韧不屈的战斗意志。

三、武术运动的比赛规则

（一）裁判员的组成

设总裁判员1人，副总裁判员1～3人。各裁判组设裁判长2人，裁判员7～8人；编排、记录长1人，编排、记录员2～3人；检录长1人，检录员2～3人；报告员1～2人。

（二）竞赛通则

1. 竞赛性质

由竞赛规程规定，分为个人竞赛；团体竞赛；个人及团体竞赛。

2. 竞赛项目

（1）拳术：长拳、南拳、太极拳。

（2）器械：剑术、刀术、棍术、枪术。

（3）其他拳术：除规则规定的自选拳术内容以外的拳术。例如，第一类，形意、八卦、八级；第二类，通臂、劈挂、翻子；第三类，地趟、象形拳。

（4）其他器械：除规则规定的自选器械项目内容以外的器械项目。例如，第一类，单器械；第二类，双器械；第三类，软器械。

（5）对练项目：徒手对练，器械对练，徒手与器械对练。

（6）集体项目。

3. 起、收势与套路计时

运动员应在右侧场内完成相同方向的起势与收势，如有其他起势、收势者，必须事先向裁判长申明。运动员身体的任何部位开始动作即为起势，并开始计时，运动员完成整套动作后，并步收势则计时结束。

（三）评分标准与方法

1. 评分标准

比赛最高分为10分。①自选项目的动作质量的分值为5分，演练水平的分值为3分，动作难度为2分。②传统项目或无难度项目动作质量的分值为5分，演练水平的分值为5分。

其他错误扣分：

运动员在演练中除按评分标准进行扣分外，对规则规定不允许出现的其他错误也应由裁判员与裁判长分别给予扣分。

由裁判员扣分：运动员在演练时出现遗忘、出界、不稳、附加支撑、倒地、助跑超出步数；刀彩、剑穗、服饰掉地，服装开钮，或刀彩、剑穗和软器械缠住身体任何部位影响动作；器械碰身、脱把、掉地、变形、折断等错误。

由裁判长扣分：起势、收势方向不符、时间问题、动作组别不够、重复动作次数超规定等。

2. 评分方法

（1）裁判员评分：裁判员根据运动员现场发挥的技术水平，按照长拳的评分标准，从10分中减去各类分值中与技术要求不符的扣分和其他错误的扣分，即为运动员得分。

（2）应得分的确定：根据评分裁判员的人数，将裁判员评出的最高分与最低分去掉后的有效分平均值，即为运动员的应得分。

（3）最后得分的确定：裁判长从运动员的应得分数中扣除裁判长所扣的分数后，即为运动员的最后得分。

（四）运动员完成套路时间

（1）长拳、南拳和刀、枪、剑、棍的自选套路，少年组、成年组均不得少于1分20秒，儿童组不得少于1分钟。

（2）太极拳5～6分钟（到5分钟时，裁判长鸣哨示意）。

（3）其他项目：单练不得少于1分钟。对练不得少于50秒。

（4）集体项目3～4分钟。

（五）场地和器械

1. 场地

个人项目长14米，宽8米。集体项目的场地为长16米、宽14米。场地四周内沿，应标明5厘米宽的白色边线。场地的地面空间高度不少于8米。

2. 器械

由国家体育总局武术运动管理中心指定的器械。

第二节　太极功夫扇

太极功夫扇是属于太极拳器械的一种，是一种风格独特的武术健身项目。太极功夫扇的创编目的主要是为了锻炼身体，它融合了太极拳与其他武术、舞蹈的动作，在太极与扇的挥舞动作结合下，刚柔并济、可攻可守，充满了飘逸潇洒的美感与武术的阳刚威仪，是同时具有观赏性及艺术性的健身运动。

拓展阅读： 各式扇形

陈式太极扇：是在陈式太极拳的基础上创编的，突出了陈式太极拳的传统风格特点。

杨氏太极扇：是一种深受大众尤其是女性喜爱的太极拳健身器械。它集太极拳基本功、扇法基本功、武术技击基本功和舞台造型基本功于一体，不仅动作优美流畅，造型典雅大方，而且富有浓郁的现代气息。

莲花太极扇：含单扇和双扇两个套路。这两套扇是宗光耀老师为喜迎澳门回归而创编的，因而有回归扇的美称。两个套路均以杨式太极拳架为基础，采用了传统的民间扇术技术，整套动作舒展大方、刚柔相济，扇面时开时合，武舞共融，潇洒飘逸，富有情趣。

思维太极扇：是"思维太极"系列套路之一。全套共38式。有以意导动、柔和连贯、虚实互变、动静相兼、节奏鲜明、击拍清脆、气氛活泼的特点。具有广泛的普及性、表演娱乐性、攻防实用性和健体强身性。

一、太极功夫扇起源

太极功夫扇又称第一套太极功夫扇、52式太极功夫扇。太极功夫扇是为支持北京申办2008年奥运会，是由国际级武术裁判、中国人民大学教授、武术百杰之称的李德印教授主编的，该套路一经推出，立即引起广大群众的强烈反响，至今已成为最受欢迎的太极健身项目。

太极功夫扇吸取中华传统武术精华，把太极拳的动作和不同风格的武术动作共熔一炉，将扇子挥舞与太极运动技巧灵活结合，使武术动作与《中国功夫》歌曲旋律巧妙结合，糅合了不同流派的太极拳、太极剑动作，以及快速有力的长拳、南拳、京剧舞蹈动作等，刚柔并济、可攻可守，充满了飘逸潇洒的美感与武术的阳刚威仪，内容丰富新颖，载歌载"武"，而且易学易练，同时是具有观赏性及艺术性的健身运动。

经常练习太极功夫扇，可以提高神经系统的协调性；可以改进身体的柔韧性、肌肉力量和肌肉耐力；可以提高心肺功能。

二、太极功夫扇的动作

本书提供的太极功夫扇共52个动作，分成6段，每段动作包括8个或9个，供中职学生学习借鉴。

（一）动作要领

1. 第一段（九个动作）

预备式：

动作方法：身体自然直立两腿并拢，右手执扇，扇顶朝下，左臂自然下垂于身体左侧。目视前方。

第一动　开步抱扇（起式）（图12-1）

动作方法：左脚向左开步与肩同宽，两手环抱胸前抱扇，左掌附于右手外，扇骨竖直，扇顶向上。

动作要点：气息匀。

第二动　侧弓步举扇（斜飞式）（图12-2）

动作方法：

（1）右脚收至左脚内侧脚尖点地；左臂由前向下向左画弧，左臂于左胸前平屈掌心向下；右臂向右向左下画弧至左腹前扇顶朝左，两臂相抱，目视左方。

（2）身体向右转腰，右脚向右开步脚跟着地；上肢动作不动，目视右方。

（3）右脚落实蹬直左腿成右侧弓步；右手向右斜上方挥举扇，扇顶朝上；左掌落于左胯旁，掌指朝前掌心向下，目视左方。

动作要点：手臂路线，重心的慢移动。

第三动　虚步亮扇（白鹤亮翅）（图12-3）

动作方法：

（1）向左转腰重心左移成左侧弓步；右手握扇向左肩摆扇，左掌收于左腰。

（2）向右转腰，重心右移成右侧弓步；左掌经右臂上方穿出向左上，右臂向右下，两掌分开，目视右方。

（3）重心移至右腿，左脚尖前点地成左虚步；右手握扇向右肩上亮扇与肩同高，左掌按于左胯旁，目视前方。

动作要点：手臂画弧路线，重心左右移动，虚步虚实分明。

图12-1　开步抱扇（起式）

图12-2　侧弓步举扇（斜飞式）

图12-3　虚步亮扇（白鹤亮翅）

第四动　进步刺扇（黄蜂入洞）（图 12-4）

动作方法：

（1）下肢动作不动，右手抖腕合扇。

（2）向左转腰，右手握扇向左向右腰摆扇收至右腰侧。

（3）向右转腰，左掌摆向右肩处提左膝，右臂不动。

（4）身体向左转 90°，向前落左腿脚跟着地，左掌经右向左下画弧，右臂不动。

图 12-4　进步刺扇（黄蜂入洞）

（5）左脚尖外展，右脚向前上步成右弓步，右手握扇向前刺出，左掌经左于头上亮掌，目视前方。

动作要点：两臂摆的路线，左脚落地的方向。

第五动　转身下刺扇（哪吒探海）（图 12-5）

动作方法：

（1）后坐收扇：向左转腰重心左移，右脚尖翘起，收扇于腹前，扇顶朝左，左掌按压于右腕。

图 12-5　转身下刺扇（哪吒探海）

（2）扣脚转身：右脚尖内扣重心移至右腿，同时提左膝向左后转身 270°，上肢动作不变。

（3）弓步下刺：左脚向左前下落成左弓步，右手握扇向前下方刺扇，左掌架于头顶，目视前下方。

动作要点：扣脚移重心，提膝转身到位，控制身体平衡。

第六动　独立撩扇（金鸡独立）（图 12-6）

动作方法：

（1）收脚绕扇：重心移至右腿，左腿回收半步脚尖点地，右手握扇向左向上绕至头上，扇顶朝左下方，左掌随右臂上抬附于右手腕处。

（2）上步分手绕扇：左脚向左落地，脚尖外展；右手握　图 12-6　独立撩扇（金鸡独立）
扇继续向右向下绕扇，左掌经扇下向左下摆，两手分开。

（3）独立亮扇：向左转腰，重心移至左腿提右膝，同时右手握扇向前撩扇至前平举抖腕亮扇，左掌架于头上，目视前方。

动作要点：绕扇、撩扇路线，提膝平衡。

第七动　翻身劈扇（力劈华山）（图 12-7）

动作方法：

（1）落脚合扇：右脚向前下落脚尖外展，左掌将扇推合　图 12-7　翻身劈扇（力劈华山）

上同时右手握扇向右腰收扇。

（2）盖步转身按扇：身体向右转90°，左脚向右脚前盖步屈膝下蹲成右歇步；同时右手握扇向下向右向上向下绕扇至左腿外侧，扇顶朝左，左掌经左向上向下附于右腕处，目视扇。

（3）转身绕扇：起立，以两前脚掌为轴向右后转身270°，同时两臂向前上举两手于头顶。

（4）弓步劈扇：右脚向前上步成右弓步，右手握扇向前下劈扇同时抖腕亮扇与肩高，左掌架于头顶，目视前方。

动作要点：合扇、绕扇、劈扇；身法；歇步、弓步到位稳定。

第八动 转身抡压扇（灵猫捕蝶）（图12-8）

动作方法：

（1）转身摆掌：身体向左转成左弓步，左掌经右向下向左摆掌，右臂不动。

（2）上步翻腰抡扇：身体继续向左转180°，同时右脚向右上步翻腰，两脚左右开立，身体稍后仰；同时左掌经上向左摆掌，右手握扇经下向前摆，目视上方。

图12-8 转身抡压扇（灵猫捕蝶）

（3）弓步压扇：身体继续向左转180°，同时左脚经右脚旁后撤成右弓步，左掌继续经下向后摆至水平，右手握扇由上向下压扇，扇与膝盖高，掌心向下，目视扇。

（4）翻手反压扇：下肢和左臂动作不动，右手外旋翻掌掌心朝上压扇，目视扇。

动作要点：翻腰动作；转身上步、退步方向；抡臂、压扇动作。

第九动 马步亮扇（坐马观花）（图12-9）

动作方法：

（1）虚步合扇：重心左移，右脚回收脚尖点地成虚步；左掌推合扇后前推掌，同时右手握扇向后藏扇，扇顶朝前，目视前方。

（2）退步抡扇：右脚后撤成左弓步，右手握扇向后向上抡扇，左掌收于左腰。

（3）反身穿刺：身体向右转成右弓步，右手握扇贴身向下向后刺扇，两臂与肩同高，目视右方。

图12-9 马步亮扇（坐马观花）

（4）马步亮扇：左脚稍收回成马步，右手抖腕亮扇，扇顶朝上与肩同高，左手架掌于头上，目视右方。

动作要点：虚步、弓步、马步转换，步型工整。抢扇接反身刺扇动作扇走立圆。

2. 第二段（八个动作）

第十动　弓步削扇（野马分鬃）

动作方法：

（1）转腰合手合扇：向左转腰成左侧弓步，右手抖腕合扇向左下挥摆，扇顶斜向下，左臂胸前屈左掌立于右肩前，目视左下方。

（2）弓步削扇：向右转腰成右侧弓步，右手握扇向右上方削扇，扇顶斜向上，左掌向左下挥摆，掌心向外，目视左方。

动作要点：削扇时借助蹬腿和腰的力量。

第十一动　并步亮扇（雏燕凌空）（图 12-10）

动作方法：

（1）扣脚穿掌：右脚尖内扣，右手握扇向左摆同时左掌经右臂上方穿出，两前臂交叉。

（2）并步亮扇：左脚向右脚并拢直立，左臂伸直左掌向前向左变拳收至左腰，右手握扇向下向后向上直臂亮扇，扇顶朝左，目视左方。

动作要点：手臂穿掌路线，亮扇时手臂贴耳。

图 12-10　并步亮扇（雏燕凌空）

第十二动　进步刺扇（黄蜂入洞）（图 12-11）

动作方法：

（1）收扇上步：身体向左转腰，左脚向左上步脚跟着地，右手收扇至右腰，左掌摆至右肩前，目视左方。

（2）弓步直刺：身体左转，左脚尖外撇，右脚向前上步，左掌向下向左向上画弧架掌于头顶，右手握扇向前平刺与肩同高，扇顶向前，目视前方。

动作要点：上步的方向。

图 12-11　进步刺扇（黄蜂入洞）

第十三动　震脚推扇（猛虎扑食）（图 12-12）

动作方法：

（1）收扇震脚：右脚提起在左脚前向下震脚脚尖外展，同时左脚提起扣于右膝后，左掌、右手握扇收至腰两侧，目视前方。

（2）弓步推扇：左脚向前下落成左弓步，左掌右

图 12-12　震脚推扇（猛虎扑食）

手握扇向前推出，立掌立扇，与肩同高，目视前方。

动作要点：震脚下落脚尖外展，同时扣左脚，落左脚轻。

第十四动　戳脚撩扇（螳螂捕蝉）（图 12-13）

动作方法：

（1）转腰绕扇：向右转腰重心右移，左脚尖翘起，右手握扇经左绕至头顶，左掌摆至右肩前。

（2）分手绕扇：重心向左移成左弓步，右手握扇向右下落至水平，左掌向下向左摆至水平。

（3）戳脚撩扇：重心移至左腿，右脚尖勾起向左脚前勾踢（戳脚），右手握扇向下向前下撩扇并开扇，左掌附于右前臂，目视扇。

动作要点：绕扇、撩扇动作，戳脚动作。

图 12-13　戳脚撩扇（螳螂捕蝉）

第十五动　盖步压扇（勒马回头）（图 12-14）

动作方法：

（1）合扇转身：身体向右转，两膝弯曲，左脚尖外展，右脚跟抬起；左掌推合扇同时向左下按压，右手握扇向右摆，目视前方。

（2）盖步按扇：左脚向右脚前盖步成左歇步，右臂经右向上向下，左臂经上向下，同时落于膝盖前，左手附于右腕处，扇顶朝左，目视前方。

动作要点：盖步成歇步要稳，两臂配合路线清晰。

图 12-14　盖步压扇（勒马回头）

第十六动　翻身藏扇（鹞子翻身）（图 12-15）

动作方法：

（1）翻身绕扇：起立，以两前脚掌为轴身体向右后翻转270°，两臂随转体同时向上，右手握扇绕至头上，左掌附于右臂内侧。

（2）腕花绕扇：重心移至左腿，右脚尖点地；左臂不动，右手握扇腕花，目视扇。

（3）退步藏扇：右腿后退成左弓步，右手握扇向后下抽拉将扇藏于右身后，扇顶斜向下，左掌前推，目视前方。

动作要点：翻身、腕花、退步藏扇动作结构。

图 12-15　翻身藏扇（鹞子翻身）

第十七动 马步亮扇（坐马观花）

动作方法：

（1）抡臂举扇：下肢动作不动，左掌变拳收于腰间，右手握扇向后上抡举扇，目视前方。

（2）反身穿刺：身体向右转成右侧弓步，同时右手握扇贴近身体向下向后穿出与肩同高，左拳变掌侧伸，掌心向后，目视扇。

（3）马步亮扇：左脚稍内收成马步，右手抖腕亮扇，扇顶向上与肩同高，左掌架于头上，目视右方。

动作要点：反身穿刺要转腰。

3. 第三段（九个动作）

第十八动 马步推扇（举鼎推山）（图 12-16）

动作方法：

（1）丁步收扇：身体向右转腰收右腿于左腿足弓处，脚尖点地成丁步，右手收扇于右腰，左掌附于右腕处，目视右方。

（2）马步推扇：身体左转右脚向右成马步，右手握扇立扇向右推出，左掌亮于头顶，目视右方。

动作要点：收扇转腰，转腰出腿推扇力量短促。

图 12-16 马步推扇（举鼎推山）

第十九动 转身刺扇（神龙回首）

动作方法：

（1）转身收扇：身体左转90°，重心右移至右腿，左腿点地成高虚步，两手收于腰两侧。

（2）弓步平刺：左腿向前上步成左弓步，左手握右手同时向前平刺扇，目视前方。

动作要点：收腿控制好身体重心高度，刺扇时蹬右腿。

第二十动 插步反撩扇（挥鞭策马）（图 12-17）

动作方法：

（1）撇脚绕扇：重心右移左脚尖翘起，右手握扇向头上绕扇，左掌摆至左下方，目视左方。

（2）上步绕扇：身体向左转180°，同时左腿尖外展，右腿向右侧上步成开立；右臂绕扇继续向后向右，左臂向下向上向左。

（3）插步反撩扇：身体继续向左转90°，左腿向右腿后插步膝盖伸直，右膝弯曲；右臂继续向上向前向

图 12-17 插步反撩扇（挥鞭策马）

右下反撩扇并开扇，左掌由后向上摆至头顶亮掌，目视右后方。

动作要点：绕扇、反撩扇手臂动作路线；上步、插步动作路线及身体重心。

第二十一动 点步挑扇（立马扬鞭）（图12-18）

动作方法：

（1）转身挑扇：下肢动作不动，身体向左转腰，右臂由右下向右前上方挑扇，臂贴耳，扇顶向前，左掌摆至右肩前，目视前方。

（2）点步推掌（高虚步推掌）：左脚向前点地成高虚步，右臂不动，左掌向前推出，目视前方。

动作要点：点地与推掌同步。

图12-18 点步挑扇（立马扬鞭）

第二十二动 歇步抱扇（怀中抱月）（图12-19）

动作方法：

转身歇步抱扇：以两脚前脚掌为轴，身体向左转90°屈膝下蹲成歇步，两臂下落于胸腹前抱扇，左掌附于右腕，目视前方。

动作要点：转身成歇步，重心要稳。

第二十三动 并步贯扇（迎风撩衣）（图12-20）

动作方法：

图12-19 歇步抱扇（怀中抱月）

（1）上步合扇分手：起立，身体右转90°右脚尖前点地，左掌推合扇前推，同时右手收扇于右腰，目视前方。

（2）并步贯扇：重心右移身体左转90°，左脚向右脚并拢，右手握扇由后向右贯扇，扇顶朝左前方，左掌变拳收于腰间，目视左方。

动作要点：贯扇动作。

第二十四动 云手劈扇（翻花舞袖）（图12-21）

动作方法：

（1）摆扇穿手：下肢动作不动，右臂向左肩上方摆扇，左拳变掌向右臂下方穿出。

（2）云扇摆掌：下肢动作不动，上动不停，右臂继

图12-20 并步贯扇（迎风撩衣）

177

续向左向头上云扇至右侧头顶，左掌由右向左平摆
至侧平举，掌心向上，目视上方。

（3）侧弓步劈扇：向左转腰，右脚向后退步
成左侧弓步，右手握扇由右侧头顶向左下方劈扇，
左掌随之落于右臂内侧，目视斜下方。

动作要点：云扇的动作路线。

第二十五动　歇步亮扇（霸王扬旗）

动作方法：

（1）分手摆扇：直立开立，重心右移左脚点
地；两臂向两侧分开至水平，左掌心向前，目视
右方。

图 12-21　云手劈扇（翻花舞袖）

（2）歇步亮扇：向左转腰，左腿向右腿后插步，两腿下蹲成歇步；同时右臂向上于
头右侧亮扇，左掌摆至右肩前，目视左方。

动作要点：分手摆扇和歇步亮扇的节奏。

第二十六动　开步抱扇（抱扇过门）

动作方法：

（1）开步托抱：起立，左脚向左开步；上肢动作不动，目视前方。

（2）合扇举抱：下肢动作不动；左掌推合扇，两臂向两侧打开再向前于胸前举抱扇，
臂稍弯曲，左掌附于右手；目视前方。

动作要点：开臂，合抱的动作节奏，举抱扇的手臂动作。

4. 第四段（八个动作）

第二十七动　马步削扇（野马分鬃）

动作方法：

（1）转腰合手合扇：身体向左转腰右脚收回脚尖点于左脚内侧，右手握扇经右向左
腹前挥摆，左臂经下摆至左肩前，掌心向下，目视左方。

（2）弓步削扇：身体向右转腰，出右腿成右弓步，右手握扇向右上方削扇，左掌下
摆至左胯旁，目视扇。

动作要点：削扇时借助蹬腿的力度。

第二十八动　并步亮扇（雏燕凌空）

与第十一动同。

第二十九动　进步刺扇（黄蜂入洞）

与第十二动同。

第三十动 震脚推扇（猛虎扑食）

与第十三动同。

第三十一动 戳脚撩扇（螳螂捕蝉）

与第十四动同。

第三十二动 盖步压扇（勒马回头）

与第十五动同。

第三十三动 翻身藏扇（鹞子翻身）

与第十六动同。

第三十四动 马步亮扇（坐马观花）

与第十七动同。

图 12-22 马步顶肘（顺鸾肘）

5. 第五段（九个动作）

第三十五动 马步顶肘（顺鸾肘）（图 12-22）

动作方法：

（1）马步合扇：下肢动作不动，右手抖腕合扇，两臂平举左手握扇身，目视前方。

（2）马步顶肘：下肢不动，两臂分开，右手握扇左手握拳同时向后顶肘，力达肘尖，目视右方。

动作要点：顶肘的力点。

第三十六动 马步抖扇（裹鞭炮）（图 12-23）

动作方法：

（1）转腰合臂：下肢不动，向右转腰，左拳向右臂上方伸出，在身体右侧合臂，目视右方。

图 12-23 马步抖扇（裹鞭炮）

（2）抡臂叠拳：下肢不动，向左转腰，左拳向上向左下，右臂向右向上向左抡臂，两臂上下相叠在身体左侧，右臂在上，目视左方。

（3）马步翻抖拳：马步，两臂同时向上向两侧翻抖，拳心朝上与肩同高，力达拳背，目视左拳。

动作要点：抡臂叠拳路线，翻抖拳要借助腰的力量。

第三十七动 虚步拨扇（前招式）（图 12-24）

动作方法：

（1）转身摆掌：向右转腰成右弓步，右臂不动，左掌经下向右下摆，目视右方。

图 12-24 虚步拨扇（前招式）

（2）虚步拨扇：重心左移至左腿，身体左转90°，右脚向前点地成虚步，左掌继续向右向上摆至头顶，右手握扇由右向前拨扇，扇顶向前，目视前方。

动作要点：拨扇时借助腰的力量。

第三十八动　震脚拍扇（双震脚）

动作方法：

（1）屈蹲分手：两膝屈膝半蹲，两臂同时向前向上再分开向下落于两腿外侧，目视前下方。

（2）蹬跳托扇：左腿蹬地跳起右腿上摆，同时右手向上托扇与肩平，左臂向上与肩高微屈掌心向外，目视前方。

（3）震脚拍扇：左腿下落震脚，右腿下落拍地（两脚依次），右手握扇下拍至腰腹高度，左手附于右臂内侧，目视前方。

动作要点：蹬跳、摆腿的发力点，震脚、拍地的先后顺序。

第三十九动　蹬脚推扇（龙虎相交）（图12-25）

动作方法：

（1）提膝收扇：重心左移提右膝，左掌经右臂下前穿，右手握扇收至右腰，目视前方。

（2）蹬脚推扇：右腿向前蹬直；同时右手握扇前推，扇顶朝上；左掌架于头顶，目视前方。

动作要领：蹬腿同时推扇，保持身体平衡。

第四十动　望月亮扇（玉女穿梭）（图12-26）

动作方法：

图12-25　蹬脚推扇（龙虎相交）

（1）落脚合臂：右腿向前落脚脚尖外展，身体向右转90°，两腿屈膝，同时两臂在腹前合臂，左臂在上，目视前方。

（2）插步展臂：左脚向左上步脚尖内扣，身体右转90°，右脚向左脚后插步；两臂侧平举打开与肩同高，目视右方。

（3）望月亮扇：右腿屈膝小腿后举，右手于头右侧亮扇，左臂侧平举立掌，目视左方。

动作要点：上步、插步的节奏；望月亮扇保持身体平衡。

第四十一动　云扇合抱（天女散花）

动作方法：

（1）开步抱扇：身体左转，右脚向右下落成开立；两手抱扇于胸前，左臂在扇后，左掌置于右腕处，目视前方。

图12-26　望月亮扇（玉女穿梭）

（2）舞花云扇：下肢动作不动，两手经两侧下绕至头顶，左掌附于右腕，右手在头顶云扇一周，目视扇。

（3）插步抱扇：左脚向右脚后插步，两腿屈膝，两手从头前下落至胸前抱扇，目视前方。

动作要点：云扇是扇面水平画平圆。

第四十二动　歇步抱扇（霸王扬旗）

动作方法：

（1）开步展臂：右脚向右侧一步成开步，两臂水平打开同时左掌推合扇，扇顶向右，左掌向后，目视右方。

（2）歇步亮扇：左脚向右脚后插步，两腿屈膝下蹲成歇步，同时右手握扇摆至头右侧亮扇，直臂扇顶向左，左掌摆至右肩前立掌，目视左方。

动作要点：开步合扇、歇步亮扇动作连贯。

第四十三动　托扇行步（行步过门）（图12-27）

动作方法：

（1）转身穿扇：起立，以两前脚掌为轴身体向左后转体270°，右手握扇从胸腹前向前穿出与肩同高，掌心向上，左臂侧平举掌心向后，目视前方。

（2）盖步抱扇：身体右转45°，右脚向左脚前盖步两腿屈膝，右臂外旋回收至胸前抱扇，左臂头上两掌，目视前方。

（3）抱扇行步：上肢动作不动，左脚向右前方上步脚尖内扣，两腿稍屈膝；右脚向右前方上步脚尖外展，两腿稍屈膝；左脚向右前方上步脚尖内扣，两腿稍屈膝；右脚向右前方上步脚尖外展，两腿稍屈膝，左脚向右前方上步脚尖内扣，两腿稍屈膝。目视前方。

（4）转身合掌：以左腿为轴提右膝向右后转体270°，两手胸前抱扇，目视前方。

图12-27　托扇行步（行步过门）

（5）开步合扇：右腿下落成开步，同时左掌在胸前推合扇，两臂经两侧打开与肩同高，扇顶向右，左掌心向后，目视前方。

动作要点：行步身形直立，身体重心不能起伏，注意脚尖的方向。提膝转体控制好身体平衡。

6. 第六段（八个动作）

第四十四动　虚步捧扇（七星手）（图12-28）

动作方法：

（1）下肢动作不动，两臂向前至前平举，掌心向下，目视前方。

（2）屈蹲按扇：两腿屈膝半蹲，两臂坠肘下按至两腰侧，扇顶稍向上，目视前方。

（3）虚步亮扇：重心右移左脚跟前点地成虚步，两臂经两侧向体前画弧于右胸腹前亮扇，扇顶向左，左掌附于右腕处，目视前方。

动作要点：下按掌时手臂弯曲坠肘不能僵直，手臂画弧走弧线。

第四十五动　弓步捧扇（揽扎衣）（图12-29）

动作方法：

（1）收脚抱手：重心左移右脚收至左脚旁成丁步，右手握扇向右向下向左画弧至左腹前掌心向上，同时左臂经左向上画弧至左肩前掌心向下，目视左方。

（2）转身上步：向右转身90°出右腿脚跟着地，上肢动作不动。

（3）弓步捧扇：左腿蹬直右腿落实成右弓步，右手握扇向前捧出，掌心斜向上，扇顶朝左，左掌下按于左胯旁，目视前方。

动作要点：手臂路线是弧形，动作要慢匀速。

图12-28　虚步捧扇（七星手）

图12-29　弓步捧扇（揽扎衣）

第四十六动　后捋前挤扇（捋挤势）（图12-30）

动作方法：

（1）合手翻扇：下肢动作不变，右臂内旋翻扇掌心向下扇顶向前，左掌上迎至右腕下掌心向下，目视前方。

（2）后坐后捋：重心后移左腿屈膝右腿伸直，两臂向左画弧，右手落于左胸前扇顶向左，左掌继续向左向上绕至与肩同高，目视左手。

（3）转身搭腕：下肢动作不动，身体右转45°，右臂外旋，左手搭右手腕，目视双手。

（4）弓步前挤蹬直左腿成右弓步，同时两手向前方挤出与肩同高，扇顶向左，目视前方。

动作要点：捋、挤路线是弧形及整个动作的身形。

图 12-30　后捋前挤扇（捋挤势）

第四十七动　并步背剑（苏秦背剑）（图 12-31）

动作方法：

（1）后坐云扇：重心后移左腿弯曲右腿伸直脚跟着地，左掌附于右腕处，右手握扇右肩上平云至掌心向上，扇顶朝右，目视扇。

（2）转腰推扇：右脚尖内扣身体左转 45°，右手握扇向前推至右肩前掌心向前手臂弯曲，左掌附于右腕处。

（3）并步背扇推掌：身体左转 45°，重心右移左脚收至右脚旁直立，右手握扇向下向后背扇，左掌经左胸向左前方 45° 推掌，目视左掌。

动作要点：云扇动作，背扇与推掌的配合。

第四十八动　弓步戳扇（搂膝拗步）（图 12-32）

动作方法：

（1）摆掌合扇：两膝屈蹲，左掌摆向右肩前掌指向上，同时右手握扇由后向右摆至与肩同高稍屈臂，抖腕收扇，目视右方。

（2）转身上步：身体向左转体 135°，左脚向前上步脚跟着地，上肢动作不动，目视左方。

（3）弓步戳扇：右腿蹬直左脚掌落地成左弓步，左掌经下向左搂膝至左胯旁，掌指向前，右手握扇经右耳旁戳出与肩同高，扇顶朝后，目视前方。

动作要点：搂膝戳扇的动作路线。

图 12-31　并步背剑（苏秦背剑）

图 12-32　弓步戳扇（搂膝拗步）

183

第四十九动 仆步穿扇（单鞭下势）（图12-33）

动作方法：

（1）身体向右转腰，左脚尖内扣，右脚向右后撤半步，同时左掌向左摆稍高于肩成勾手，勾尖朝下，右臂不动，目视左方。

（2）仆步穿扇亮扇：左腿屈膝下蹲成右仆步，右手握扇经右腿前向右腿上方穿扇，抖腕亮扇，左臂不动，目视扇。

动作要点：仆步穿扇的路线。

图12-33 仆步穿扇（单鞭下势）

第五十动 弓步架扇（挽弓射虎）（图12-34）

动作方法：

（1）弓步举扇：重心右移成右弓步，右手握扇向上举至与肩平，扇顶向上，左勾手勾尖向上，目视扇。

（2）转腰摆臂：下肢不动，向右转腰，左掌摆向右肩前，右臂向右前方摆直臂掌心向上，目视扇。

（3）屈臂收扇：下肢和左臂动作不变，右臂屈臂掌心向前，目视扇。

（4）架扇冲拳：下肢动作不动，身体向左转腰，右手握扇向上举高于头顶，扇顶向上，同时左掌变拳由右肩左前方冲拳，拳心向下，目视左拳。

动作要点：动作路线，架扇与冲拳的配合。

图12-34 弓步架扇（挽弓射虎）

第五十一动 虚步亮扇（白鹤亮翅）

动作方法：

（1）转腰合扇：右腿蹬直向左转腰，左拳变掌，右手握扇向前摆至左掌下，左掌推合扇，目视扇。

（2）转腰分手：左腿蹬直向右转腰，两手分开至左臂侧平举掌心向下，右手握扇右斜下，目视右方。

（3）虚步亮扇：重心右移身体左转腰，左脚尖前点地成虚步，左掌下落至左胯旁，掌心向下，右手握扇由斜下向右前方抖腕亮扇，目视前方。

动作要点：重心移动，虚实分明。

第五十二动 抱扇还原（收势）

动作方法：

（1）抖腕合扇：下肢和左臂动作不动，右手抖腕合扇，目视前方。

（2）开步平举扇：左脚收回至两脚开立，右手下落；两臂同时由两侧抬起成侧平举，左掌心向下，目视前方。

（3）并步抱扇：左脚向右脚并拢，两臂由两侧向前合抱扇，臂稍屈，左掌附于右手处，目视前方。

（4）垂臂还原：两臂下落于身体两侧。

动作要点：

（二）学练方法

（1）按动作方法先进行分解练习，注意动作路线，再完整动作练习。

（2）第一段和第六段注意动作的慢匀速。

（3）第二、第三、第四、第五段注意动作的力度和节奏。

（4）套路演练时注意与音乐配合好。

第三节　形神拳和太极拳十二动

一、形神拳

形神拳（图 12-35）集中体现形神兼备的武术本质特点，是长拳类型的武术套路是根据中职学生的生理、心理特点，在小学和初中学练武术的基础上创编的。这套形神拳，动作舒展大方、刚劲有力，对培养中职学生武术意识，发展灵敏性、协调性、力量等身体素质具有良好的作用。

形神拳 1　　　　　　　　　　　形神拳 2

图 12-35　形神拳

学生在学习时要有较好的协调性、柔韧性、劲力性等。对学生的身体素质和学习能力，特别是对拳势工整，劲力顺达，舒展大方，动作流畅，刚劲有力提出了更高的要求，更体现武术的意识和长拳的风格特点。

形神拳套路共包括十一组 30 个动作。分别如下：

（1）并步抱拳礼。

知识窗：

　　抱拳礼的含义：①左掌表示德、智、体、美"四育"齐备，象征高尚情操。屈指表示不自大，不骄傲，不以"老大"自居。右拳表示勇猛习武，左掌掩右拳相抱，表示"勇不滋乱""武不犯禁"，以此来约束、节制勇武的意思。②左掌右拳拢屈，两臂屈圆，表示五湖四海，天下武林是一家，谦虚团结以武会友。③左掌为文，右拳为武，文武兼学、虚心、渴望求知、恭候师友、前辈指教。

（2）左、右侧步冲拳。

（3）开步前推双掌，翻掌抱拳。

（4）震脚砸拳，马步冲拳［图 12-35（1）］。

（5）插步摆掌、勾手推掌、弹踢推掌、弓步冲拳。

（6）抡臂砸拳、弓步冲拳（图 12-36）。

（7）震脚左弓步双推掌，抡臂拍脚［（图12-35（2））］，弓步顶肘（图 12-36）。

（8）歇步冲拳，提膝穿掌，仆步穿掌（图12-37），虚步挑掌，震脚提膝上冲拳。

（9）弓步架拳，蹬腿架拳，转身提膝双挑掌（图 12-38）。

图 12-36　弓步顶肘

（10）提膝穿掌，仆步穿掌。

（11）仆步抡拍，弓步架裁拳（图 12-39），收势。

图 12-37　歇步冲拳　　　　图 12-38　蹬腿架拳　　　　图 12-39　弓步架裁拳

二、太极十二动

　　太极十二动是为中职学生编排的一个太极拳健身套路。同样有攻防动作，但主要是用于锻炼身体。练太极拳要求心静，以意导引动作；心中安静，柔和缓慢；动作弧形，圆活不滞；连贯协调，虚实分明；轻灵沉着，刚柔相济。太极拳有传统的各家各式，国家编的套路有二十四式。为了适应中职学生特点，这里只学习太极拳中的典型动作，易学易练的十二个动作。动作名称分别如下。

　　第一动：起式。

　　第二动：白鹤亮翅（图 12-40）。

　　第三动：搂膝拗步。

　　第四动：手挥琵琶（图 12-41）。

　　第五动：野马分鬃。

　　第六动：右揽雀尾（包括掤、捋、挤、按）。

　　第七动：左蹬脚（图 12-42）。

　　第八动：倒卷肱。

　　第九动：搬拦捶。

　　第十动：如封似闭。

　　第十一动：十字手。

　　第十二动：收式。

图 12-40　白鹤亮翅　　　　图 12-41　手挥琵琶　　　　图 12-42　左蹬脚

知识窗：

日常生活中的太极拳锻炼

　　一般来讲，早晨起床后或晚饭后到户外有树木花草和空气清新的地方练习最好。课间休息时，约几个同学一起练习也是调节神经的好方法。自己在家里学习感到疲劳时，也可在室内反复练习太极拳的某个动作，或高姿势地练习全套动作，使身体得以恢复。若有时间，看看太极拳的比赛或录像，或看看比自己水平高的人练习，都可提高自己的太极拳水平。

太极拳对身体形态的要求

　　练习太极拳时，在自然舒松的前提下，身体的各部位要注意保持：

头：下颌微收、虚领顶劲。

肩：保持松沉。

肘：自然下坠。

胸：自然舒松。

背：舒展拔伸，自然放松。

腰：以腰为轴、运转要灵活。不可前挺后弓。

脊：保持自然伸直，不可左右歪斜。

臀：下垂收敛，不可后凸。

胯：胯根要自然撑开，不可左右歪斜。

膝：伸屈要柔和自然，膝关节与脚尖同向。

第十三章　新兴运动

第一节　腰旗橄榄球

橄榄球运动主要分为美式橄榄球、英式橄榄球和澳式橄榄球三种比赛模式。本章的腰旗橄榄球教学内容是依据美式橄榄球并结合青少年的身心特点设计的，是一项较为安全的对抗性运动。它将美式橄榄球在人数和规则上进行了大幅简化，保留了美式橄榄球中最精华的部分。对场地器材要求不高，非常适于中职的同学们从事这项运动。

一、腰旗橄榄球运动概述

（一）腰旗橄榄球运动的起源与发展

美式橄榄球（American football）（美式足球）是橄榄球运动的一种，美国最流行的运动，为北美四大职业体育之首。美式橄榄球起源自英式橄榄球，传入美国后规则改变，改为采取攻防线进行回合制争球、没有跑位限制，并且可以向前抛掷传球，此项运动的目的是把球推进对手的端区得分。

目前在中国很多大城市从中小学就开展这项运动。在北京、上海、广州三地更是有许多的大学都有专门的腰旗橄榄球队。大学期间每年都会进行 NFL 旗下的官方赛事"大学碗"。

在中小学生比赛方面，目前也有 NFL 旗下的公司在举办一些市级的腰旗橄榄球比赛。但大多数还局限于市级层面。

（二）腰旗橄榄球运动的价值

1. 健身价值

美式腰旗橄榄球不但充满了快速的奔跑，惊人的技巧和解决困难的战术，而且更重要的是，作为一项团队运动，它对球员的合作精神有着极高的要求。在这项运动中，学生不仅可以发展奔跑能力、无氧代谢能力、协调性、灵活性、快速反应能力等身体素质，而且能够使大脑的宏观思维、空间感等智力因素得到有效提高。

2. 教育价值

美式腰旗橄榄球与其他球类项目最大的不同就在于战术的丰富性和即时性。它在每个攻防回合进行之前，都有 30 秒的时间进行战术会议。通过每一次攻防表现，双方都可以有 30 秒的时间来进行应对和调整。因此，参加腰旗橄榄球活动可以培养逻辑思维，提高对全局的把控能力，提高凝聚力与服从全局的意识。

（三）腰旗橄榄球运动的比赛规则

1. 场地尺寸和标记

长度：60（或 80 码）/55（或 73 码）米，宽度：20（或 30 码）/18（或 27 码）米。阵地：最长 10 码（9.2 米），最短 7 码（6.4 米）。非跑区：必须在距得分线 5 码（4.6 米）处进行标记。

2. 比赛器材

（1）橄榄球（图 13-1）。长 11 ~ 11.25 英寸（27.94 ~ 28.58 厘米），球体中央位置周长 21 ~ 21.25 英寸（53.34 ~ 53.98 厘米），重量 14 ~ 15 盎司（396.89 ~ 425.24 克）的长椭球体（prolatespheroid）。虽然其球体是橄榄状，但不像英式橄榄球更接近标准的椭圆形，而是两端微尖呈"鱼鳔体"（vesicapiscis，意思是两端尖突的椭圆形），此外形是用单手做前抛长传时最具效率的形状。

（2）腰旗（图 13-2）。运动员需佩戴一条腰带和一副腰旗（两根）。腰旗与腰带之间为易拉结构。腰旗需佩戴在腰的两侧。

图 13-1　橄榄球

图 13-2　腰旗

3. 参赛人数及位置

腰旗橄榄球为 5 人对 5 人的比赛。进攻方分为四分卫、中卫、外接手和跑锋等位置。防守方分为安全卫、角卫、线卫、防守前锋等位置。

4. 比赛方式

攻方队从本方 5 码线处开始进攻，并有 4 次机会以通过中场线。一旦通过中场线，则有 4 次机会来达阵得分。若攻方未能得分，则更换控球权，新的攻方从本方 5 码线处开始进攻。如果首次分段进攻的成功来自对方犯规，则首次进攻成功或达阵所需的 4 次进攻要求不再适用。若守方在对方进攻时获得球权，则立刻进行攻方角色转换。

5. 得分

（1）达阵：6 分。

（2）附加分：1 分（从 5 码线中点开始），2 分（从 12 码线中点开始）。

注：附加分只在达阵后产生，可以由进攻方选择打 1 分还是 2 分。

（3）安全分：2 分。

注：攻方附加分进攻时，如果守方阻截并到达对方阵地，则守方得 2 分，且从本方 5 码线处开始进攻。

6. 比赛时间

（1）比赛共 40 分钟，每半场 20 分钟。

（2）若两队平分，则进行加时赛。正常比赛时间结束和加时赛开始的时间间隔为 2 分钟。抛掷硬币以决定加时赛的首次控球方。抛掷硬币所决定的先方从本方 5 码线处开始进攻。比赛按规定继续进行直到一方得分。加时赛无暂停。

（3）每次球放置好后，攻方有 30 秒的时间进行快速传递。

（4）各队每半场有两次 60 秒的暂停。暂停不能积累到下半场或者加时赛。

（5）上下半场间有 5 分钟进行休息。

7. 跑动

（1）进攻开始时，球必须在传球员的两腿之间进行快速传递。

（2）通过传球将球交给四分卫的球员是中卫。中卫不能从身后的四分卫直接得球（不允许中卫偷球）。

（3）直接从快速传递中得球的球员是四分卫。

（4）四分卫不能持球通过斯克兰线。攻方可以在斯克兰线后进行多次快速传递。在分段进攻中止允许向后或横向交递球。

（5）允许在斯克兰线进行抛掷或绕跑，这属于跑动进攻。

（6）"非跑区"各位与阵地前 5 码内，当球位于 5 码线或朝阵地方向进入 5 码线以内时，攻方队员不能跑动进攻。

（7）得到交递球的球员可以从斯克兰线后抛球。

（8）一旦球被传出或掷出，所有的防守球员都可以突袭，或存在假进攻或假传递。允许转身，但球员不能离地以躲避防守球员（不允许俯冲）。当腰旗被拉掉时，持球员脚所在的位置即是放球的位置。

8. 接球

（1）所有球员都可以接传球（如果球已经在斯克兰线后传递出或者掷出，则四分卫也可以接传球）。

（2）与 NFL 相同，球员可以移动，但是不能在传递球时向对方的阵地移动，只允许一个人沿着发球线横向移动。

（3）球员接球时必须至少有一只脚在界内。

9. 传球

（1）只有在斯克兰线后 7 码的球员可以突袭传球员。

（2）四分卫有 7 秒的时间抛球。如果 7 秒内未能抛出，该次进攻结束，分段进攻失败，而且球放回原斯克兰线。一旦球被交递出去或掷出，或者存在假进攻或假传递，则 7 码规则不再有效。

（3）阻截将更换控球权。

（4）守方也可能被阻截。

（5）当阻截发生并保持在阵地时，将导致死球，且阻截方在本方 5 码线获得控球权；如果阻截发生在阵地，但持球者离开了阵地，则阻截方在死球点获得球权。但是，如果持球者回到阵地，并且腰旗被拉掉或成死球，则对方得到安全分。

二、基本技术

（一）单手肩上传球（以右手传球为例）

1. 动作要领

面对目标的传球称正面传球，通过蹬地、收腹、转体的动作带动手臂加速向前鞭打，在头的右前上方将球传向目标的传球方法。

单手肩上传球是传球中最基本的方法，是掌握和运用其他各种传球技术的基础，这种传球方法适合中、远距离的传球。

（1）持球方法：单手拿球，四指握住球的缝合带处。手偏小的球员可以尝试握住球的边缘部。切勿整只手接触球，球与手掌间留一定空隙（图 13-3）。

（2）传球准备阶段：右手握球，左手扶住球的另一面，将球置于耳侧，身体侧对传球方向站立，左脚在前、比肩略窄，膝关节微屈（图13-4）。

（3）传球的完成阶段。

脚步动作：如果队员是右手型选手，该队员左脚应指向即将传球方向，两脚约成90°，间距略窄于肩。要出手传球时重心下沉，左脚向既定目标方向上步。上步不要超过1/3米，不要让队员有腿被拉伸的感觉。

手部动作：将球拿至脑后一侧时，应当转动肘关节使得上臂与地面平行同时将球对准既定目标。传球时，动作应适当放松，用力顺序应由手臂带动手腕的甩动，最后是手指对球的拨动（图13-5）。

（4）传球的结束阶段：传球结束时，前臂继续向前上方做鞭打动作，手腕顺势拨球，拨完球后的手继续向左下方甩出（图13-6）。

图13-3　持球　　　　图13-4　传球准备　　　图13-5　传球完成　　　图13-6　传球结束

2. 学练方法

（1）坐地传球。

（2）单膝触地传球（图13-7）。

图13-7　单膝触地传球

193

（3）两人一组传球。

（4）行进间传球。

（二）抛球（右手向左侧抛球为例）

1. 动作要领

抛球是比赛中一种短距离传球的简单方法，有单手抛球和双手抛球。抛球具有弧度低、距离短、容易接球等特点。抛球动作简单易学，但须注意抛球的果断性、稳定性和准确性等，多采用在跑锋战术中。

（1）单手抛球技术：为了增加抛球的稳定性和准确性，单手抛球时，手臂向前送出，同时手腕快速拨动球，使球逆时针快速旋转（图13-8）。

（2）双手抛球技术：双手抛球技术大多数情况下运用在身体两面的传球。抛球时，两脚自然开立，双手握在球的一端，两臂伸直把球置于两脚之间，右（左）脚蹬地身体左（右）转，双手将球由下往上抛出。

图13-8 单手抛球

2. 学练方法

（1）原地单手抛球练习。

（2）行进间单手抛球练习。

（3）原地单手抛球练习。

（4）行进间双手抛球练习。

（5）弧线跑接双手抛球练习。

（6）后转身双手抛球练习。

（7）小组后转身双手抛球练习。

（三）接球

1. 动作要领

准备姿势：准备接球时，面向来球方向，双手自然张开成漏斗形置于脸的下部，两脚微屈重心置于前脚掌，动作协调，眼睛看着来球。

正面接球动作：眼睛判断来球的落点和来球速度，接球时，双手离面部约 20 厘米的距离接球，当球触到手的瞬间，手指扣紧球，并迅速将球夹在身体一侧臂（图 13-9）。

接高球手型　　　　　　　　　接低球手型

图 13-9　正面接球

2. 学练方法

（1）两人一组距离 5～8 米抛接（或传接）球练习。

（2）行进间两人一组距离 5～8 米抛接（或传接）球练习。

（3）鱼钩接球练习。

（4）90°变向跑接球练习。

（5）45°侧身跑接球练习。

（6）多次变向接球练习。

（四）中卫递球

1. 动作要领

中卫单手快速递球：

准备姿势：中卫站在球的后面，将带齿链的一面球体侧向右手边，将球调整到传球的最佳位置（调整时球不能离开地面）；站立时两脚开立，略宽于肩，上体约与地面平行，膝关节弯曲45°，重心在前脚掌，抬头看着进攻方向。手臂伸直握球的上半部或端部，右手握住球的前端（靠近进攻方向的一端），一手置于同侧膝盖处。根据个人习惯也可用双手触球，进行双手快速递球（图13-10）。

递球动作：中卫开球时后背保持水平，当听到四分卫传球命令后，通过靠前的手启动，同时将球旋转至与四分卫靠上的手相同方向。当球开到中卫裆处时，球两端应已经被旋转成水平角度。中卫的开球动作是一个直臂动作，但会迅速变成屈臂。开球后，中卫左脚或右脚及时上步以保证开球后可以以最大速度跑至既定位置。交球时，应确定接球队员接到球后才松手。

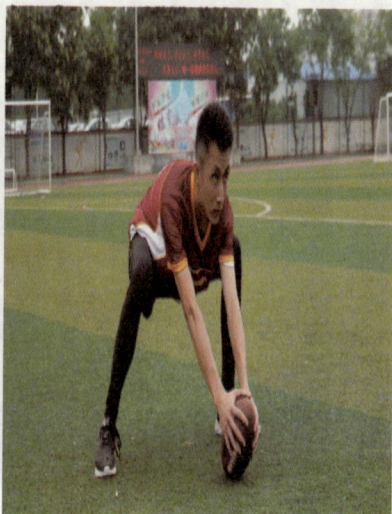

单手　　　　　　　　　　　　　　　双手

图 13-10　中卫递球

2. 学练方法

（1）模仿动作练习。

（2）完整单手中卫快速递球动作练习。

（五）中卫长传

1. 动作要领

中卫听到四分卫口令后，迅速将球从胯下开出。通过腕关节的抖动同时将球拨出。直臂迅速变为微屈臂（图13-11）。

2. 学练方法

（1）模仿动作练习。

（2）完整中卫长传球动作练习。

图 13-11　中卫长传

（六）跑锋接球技术

1. 动作要领

（1）接球姿势：以右侧接球为例，右臂胸前平屈，左臂腹前平屈，将球平行置于两臂之间。接球后身体迅速下压，将球藏于身体前迅速跑动（图 13-12）。

图 13-12　跑锋接球

（2）变向出发：两点支撑情况下，向最理想的方向启动。第一步不能大于 6 寸，收回另一只脚并摆动手臂。如果右脚启动，左臂前摆右臂收回。手臂的摆动保证了跑动的效率。

（3）接球：接四分卫传球是最重要的技术，如果掌握不好会导致漏接球和死球。

跑锋接交递球：贴近四分卫的一侧手臂应该抬起在上面，另一侧手臂应该在下面，两臂大约平行。

（4）掩护球：用眼睛看着将要跑的路线，而不是看球，跑锋将要以如下方式接球：弯腰到胃部遮蔽球、上抬手臂捂住球掩护好球，不要让对手看见（图 13-13）。

图 13-13　掩护球

（5）护球：采用五点接触技术（手指，手掌，前臂，肋骨，腋窝）用整个手掌用力握住球的一端，另一端塞进腋窝，前臂和肋骨紧紧夹住球的两侧，确保球不会轻易落下。

2. 学练方法

（1）接四分卫递球练习。

（2）两组相互交递球练习。

（3）交递球突破障碍物练习。

（4）交递球突破队员练习。

（5）真假交递练习。

（6）真假交递练习（跑锋假交递）。

（7）跑锋真交递练习。

三、基本战术

（一）挡拆战术（图 13-14）

此战术是腰旗橄榄球项目中最为基础的传接球战术。其主要用于破对手的人盯人防守，利用相邻队员的变相交叉换位，即最左侧外接手变向后从左侧第二名外接手身后跑动，造成最左侧防守队员的防守线路短时间内被左侧第二名外接手阻挡，使最左侧外接手获得接球机会。

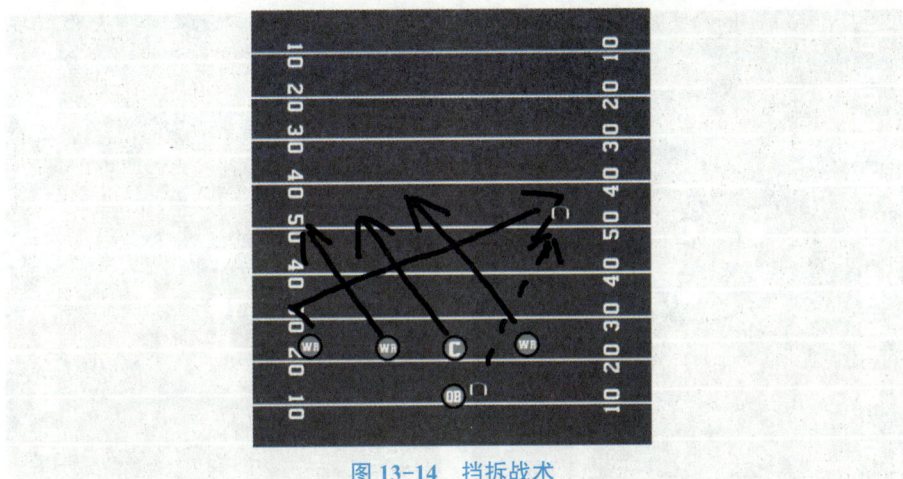

图 13-14　挡拆战术

（二）跑锋战术（图 13-15）

此战术是腰旗橄榄球项目中最为基础的跑锋战术。其主要用于破对手的人盯人防守，利用一名中卫与另两名外接手的掩护，使跑锋获得充分的跑动空间。

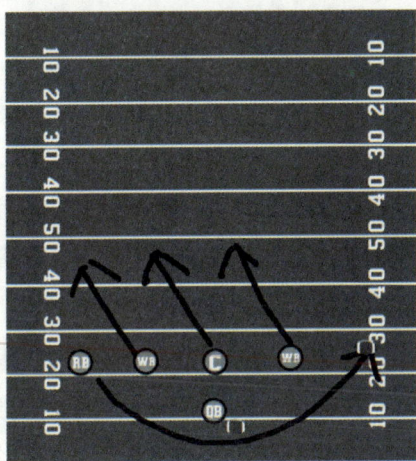

图 13-15　跑锋战术

（三）假跑锋交递战术（图 13-16）

此战术是前两战术的衍生，利用更加灵活多变的方式来破解对手的联防阵形。此战术的关键在于四分卫与跑锋完成动作的隐蔽性与欺骗性，若最左侧外接手线路被阻挡，假交递的跑锋也是非常好的接球选择。

（四）90°与45°跑位结合战术（图 13-17）

此战术是最基础的破对手联防的战术之一。要求外接手跑位精准，四分卫的传球时机更是关键所在，若能每次将球在外接手跑至对方两名联防队员之间准确传出，对于对手的联防将是毁灭性的打击。

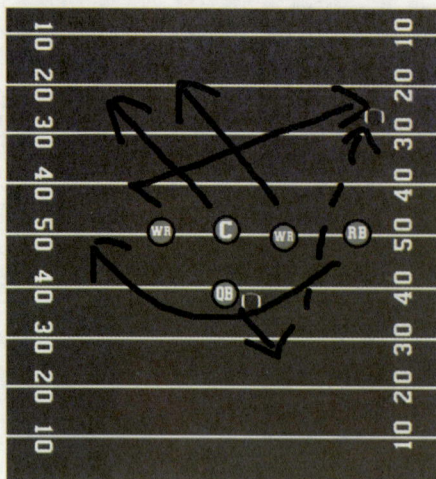

图 13-16　假跑锋交递战术　　　　图 13-17　90°与 45°跑位结合战术

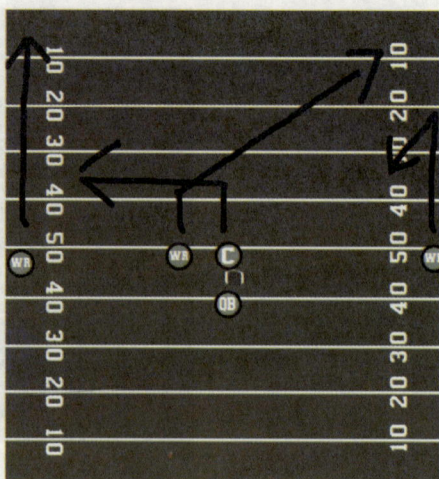

第二节　飞　　盘

　　飞盘是一种投掷盘形器具的运动。20 世纪 60 年代首先在美国出现。现流行于世界各地。目前已形成 10 多种竞赛项目。现今飞盘的诸多项目中，最受玩盘者欢迎的竞赛主题有三种：飞盘高尔夫、飞盘自由花式、飞盘争夺赛，其中尤以飞盘争夺赛（极限飞盘）更适于中职学生开展。极限飞盘＝飞盘＋足球式的往返耐力折返跑＋美式足球式的得分方式。它是一项紧张激烈的团队竞技运动，却严格避免选手之间身体接触的比赛项目。现在已经发展为一项融入许多运动特点的团队竞赛。学生可以通过各种战术方式的跑动、传递飞盘，让自己的队友在得分区接盘达阵从而得分。为了赢得比赛，参与的选手必须要具备良好的体能、移动的速度、敏锐的判断以及高超的控盘技巧。此运动主张和强调的是体育竞技精神和公平竞赛，激烈对抗的飞盘比赛必须建立在互相尊重，遵守规则和享受乐趣的基础上。每个参赛的队员都有责任管理和遵守规矩。极限飞盘依靠一个"极限飞盘精神"让每个队员自觉、公正、公平的进行比赛。

一、飞盘运动概述

（一）飞盘的起源与发展

　　现代飞盘起源于专门烤制派用的锡盘，1937 年，出生于犹他州的摩里森与其女友在洛杉矶丢掷爆玉米花的空罐盖时，激发出现代飞盘的灵感。1946 年，摩里森画出现代飞盘的第一张设计图。1948 年，摩里森找人合伙，以塑胶原料成功的研制出世界第一枚现代飞盘，并称为"飞行浅碟"（Flying Saucer）。1955 年，摩里森开发出新型飞盘，由于当时外太空不明飞行物之说极为盛行，故将它命名为"冥王星浅盘"（Pluto Platter）。1964 年，艾德·黑德里克（Edheadrick）开发出第一个职业运动级的新飞盘 Professional 110g；1967 年，黑德里克在洛杉矶成立了国际飞盘协会（International Frisbee Association，IFA），随后又主导确立许多飞盘运动项目的规则，因而被誉为"飞盘运动之父"。1974 年，第一届世界飞盘锦标赛在加州玫瑰杯球场举行。1983 年，世界飞盘联盟（World Flying Disc Federation，WFDF）成立，已于 2013 年为 IOC（国际奥委会）正式认可为飞盘运动在国际上的单项运动总会之一。飞盘运动已被列为 2001 年世界运动会（非奥运项目的国际比赛）的正式项目。目前国内各大城市如北京、天津、上海、武汉、重庆、广州、宁波、深圳、长沙、大连皆有飞盘俱乐部。

（二）飞盘运动的价值

飞盘模块作为校本教材补充内容是中职学校专业模块内容之一，是烹饪专业、酒店管理等选择的内容，这些专业的主要特征就是要求手的稳定性及控制能力，同时要求身体的灵活性、协调性，主要体现在上、下肢力量，尤其上肢耐力方面，这些特征可以通过飞盘模块内容进行训练和加强。飞盘运动能够发展跑、跳等基本活动能力，提高灵敏、灵活、速度、力量等身体素质和手的控制能力，增加内脏器官的功能，锻炼上肢力量，增强体力，消除疲劳、锻炼大脑，训练人的眼、脑、手互相协调结合，有效提高身体协调性。培养勇敢顽强、机智、果断的意志品质，增强学生的团队协作精神。

（三）飞盘运动的比赛规则

（1）开盘：每一分比赛开始时，双方选手在各自防守的得分区内排成一队。先防守的队伍把飞盘扔给进攻的队伍（称为"发盘"）。正规的比赛中，每支队伍只许有七位选手上场。

（2）得分：如果进攻方选手在对方的防守得分区内接住飞盘，则得 1 分。

（3）传盘：选手可以往任意方向传盘给自己的队友。不允许持盘跑动。持有飞盘的选手（称为"掷盘者"）有 10 秒的时间掷盘。防守掷盘者的选手（称为"防盘者"）应该大声地数出 10 秒（称为"延时计数"）。

（4）失误：如果进攻方传盘没有成功（如出界、掉地、被对方断下、被对方截获），则视为失误。此时防守方获得盘权，立刻攻防转换。

（5）换人：只有在得分之后或选手受伤的情况下允许替换场上比赛选手。

（6）无身体接触：选手之间不应该有任何身体接触，也不允许阻挡别的选手的跑动。当身体接触发生时判为犯规。

（7）犯规：当一方选手跟另一方选手发生身体接触时，视为犯规。被犯规的选手要立刻喊出"犯规（Foul）"，此时所有场上选手要停在当前位置不得移动，直到比赛重新开始。如果犯规没有影响进攻方的盘权，比赛继续；如果影响了进攻方的盘权，飞盘交还给进攻方继续比赛。如果防守方选手不同意犯规，飞盘还给前一位持盘者，重新开始比赛。

（8）自判：比赛没有裁判员，场上选手自行裁决犯规、出界和失误。选手们应该互相文明地讨论与解决争议。

二、基本技术

（一）动作要领

1. 步法

知识窗：

　　通过步法的练习，了解两种基本步法的运用时机，懂得步法与掷盘的关系，学会观察防守员重心变化，发展下肢力量、快速反应能力和判断力。

（1）异侧上步动作要领（以右手持盘为例）：准备姿势为双脚与肩同宽，膝盖稍弯曲，平行站立。先利用肩部晃动向右侧做假动作，当对手重心移动时，右脚向左前侧方跨出一大步，成弓箭步，向左转体，重心侧移。

（2）同侧上步动作要领（以右手持盘为例）：准备姿势为双脚与肩同宽，膝盖稍弯曲，平行站立。先利用肩部晃动向左侧做假动作，当对手重心移动时，右脚向右前侧方跨出一大步，成弓箭步，同时向右转体，重心侧移。

2. 握盘

（1）反手握盘动作要领：拇指按于盘面，食指要贴于飞盘的外缘，或者用食指第一关节处抵住飞盘边缘，中指伸展开指向盘的中心。贴于边框的食指用于把握方向，支撑住飞盘的中指保证盘飞行的稳定。在盘的底部，两根手指紧握着盘的边缘（图13-18）。

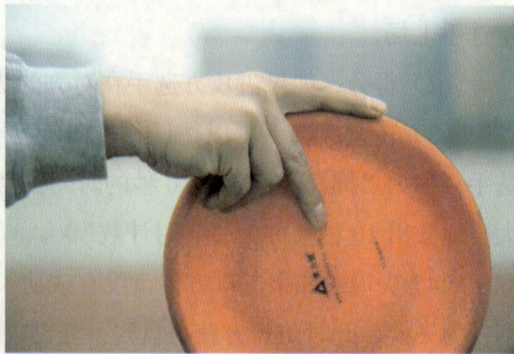

图13-18　反手握盘

（2）正手握盘动作要领：拇指按于盘面，中指置于盘的底部边缘，食指朝盘的中心伸展开来支撑飞盘。这种握法的优点是可以很好地控制飞盘（图13-19）。

图13-19　正手握盘

反手握盘：像握手一样的手型，拇指按压飞盘正面圆纹处，食指贴于飞盘的外缘或用第一关节控制飞盘底缘，中指置于飞盘中间位置支撑，握盘松紧适度。

正手握盘：拇指按于盘面圆纹处，中指置于盘的底部边缘，食指朝盘的中心伸展开支撑飞盘，握盘松紧适度。

3. 掷盘

根据握盘手型及出手位置掷盘分为反手掷盘（反手握盘异侧掷盘）和正手掷盘（正手握盘同侧掷盘）两种方法。

（1）反手掷盘动作要领：准备姿势为双脚与肩同宽，膝盖稍弯曲，平行站立。目视接盘人，用持盘手的同侧脚采用异侧步步法，同时双手持盘置于身前，掷盘手采用反手握盘法，保持盘面平行地面，利用手腕的甩动，使飞盘快速旋转，将飞盘平稳掷出，落点为接盘人腰部与头部之间（图13-20）。

图13-20　反手掷盘

（2）正手掷盘动作要领：准备姿势为双脚与肩同宽，膝盖稍弯曲，平行站立。目视接盘人，用持盘手的同侧脚采用同侧步步法，同时单手持盘置于体侧，掷盘手采用正手握盘法，保持手心向上，盘面平行地面，利用手腕的甩动，使飞盘快速旋转，将飞盘平稳掷出，落点为接盘人腰部与头部之间（图13-21）。

图 13-21 正手掷盘

4. 接盘

根据飞盘落点不同，接盘方法有三种：三明治或拍掌接盘（适用于接落在腰部与头部之间的飞盘）、双手边框接盘（适用于接高于肩膀或低于腰部的飞盘）、单手边框接盘（适用于接身体侧面的飞盘）。

（1）三明治（拍掌）接盘动作要领：接盘时身体正对飞盘，双手置于身前，掌心相对，上下间隔一尺距离，手指自然分开，飞盘到达双手之间时，快速合掌接住飞盘（图 13-22）。

（2）双手边框接盘动作要领：身体正对飞盘，当飞盘高度超过颈部时选择拇指在下的方式，拇指与其他手指上下分开，其余四指自然分开，双手快速抓握接盘。当飞盘高度低于腰部时，采用拇指在上的方式双手接盘（图 13-23）。

图 13-22 三明治（拍掌）接盘

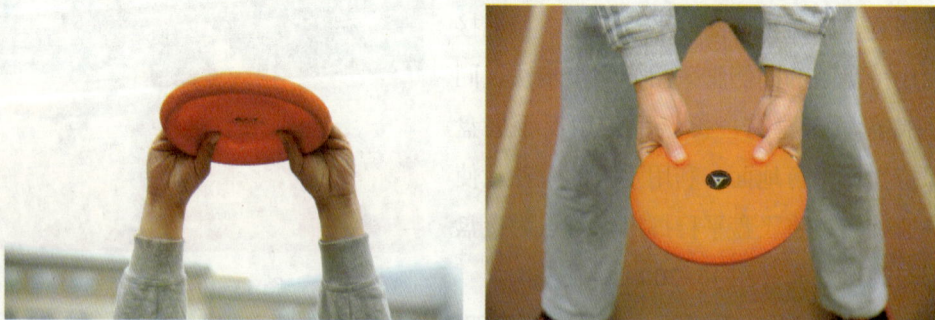

图 13-23 双手边框接盘

（3）单手边框接盘动作要领：身体正对飞盘，当飞盘高度超过颈部时选择拇指在下的方式，拇指与其他手指上下分开，其余四指自然分开，单手快速抓握接盘。当飞盘高度低于腰部时，采用拇指在上的方式单手接盘（图 13-24）。

图 13-24 单手边框接盘

（二）学练方法

1. 握盘

正反手快速转换练习（20 次）。

要求：双手持盘，听到教师发出信号后，快速做出正确握法，转换快速，动作准确。

2. 掷盘

反手掷盘、正手掷盘。

（1）原地徒手模仿练习反手掷盘。

要求：配合异侧步法完成徒手练习，双手持盘，保持盘面平稳，手腕甩动快速有力，出手后手型正确。

（2）原地徒手模仿练习正手掷盘。

要求：配合同侧步法完成徒手练习，单手持盘，掌心向上，手腕甩动快速有力，出手后手型正确。

（3）两人一组相距 4～6 米练习反手掷盘、正手掷盘。

要求：手型正确，动作规范，飞盘飞行平稳，旋转快速，落点位于同伴腰部与头部之间。

（4）两人一组相距 6～8 米练习反手掷盘、正手掷盘。

要求：加大动作力度，保持动作规范，注意手腕的甩动使飞盘保持高速旋转，掷盘的准确性。

（5）10 米距离单人固定区域（3×3 米）掷盘练习。

要求：控制飞盘平稳飞行，动作规范，保证掷盘的准确性。

（6）三人一组相距 6～8 米练习反手掷盘、正手掷盘（三角掷盘）。

要求：动作规范，出手迅速，落点准确。

（7）抢断练习（三人一组）。

要求：避开抢断者，动作规范，出手隐蔽迅速，落点准确。

（8）两人一组传切配合。

要求：相距 5 米，慢跑中快速完成掷盘动作，在迈出第三步之前必须将盘掷出，或者迅速确立轴心脚，然后掷盘，根据队友跑动速度和位置提前做好估量，保证落点准确。

（9）三人一组八字环绕掷盘练习。

要求：向前推进速度快，掷盘快速准确，最大距离不超过 10 米。

3. 接盘

（1）徒手模仿练习。

要求：接盘手型准确，根据教师提示不同飞盘位置快速变换手型。

（2）原地自抛自接练习。

要求：抛盘至不同位置，快速稳定接盘，固定手型，强化接盘手感。

（3）两人一组相距 4 ～ 6 米练习接盘。

要求：接盘手型正确，动作规范，根据不同位置选择不同接盘手型，接盘稳定。

（4）两人一组相距 6 ～ 8 米练习接盘。

要求：快速调整自身位置，保持正对飞盘，手型正确，动作规范。

（5）三人一组相距 6 ～ 8 米练习接盘。

要求：动作规范，判断准确，出手迅速，接盘稳定。

（6）两人一组移动中掷盘、接盘练习（5 米间距）。

要求：根据飞盘位置快速跑动调整，接盘动作规范，采用方法合理有效。

（7）三人一组行进间三人围绕掷盘、接盘练习（5 米间距）。

要求：掷盘后快速跑动，接盘迅速准确，及时调整三人队形。

（8）三人一组抢断掷盘、接盘练习（5 米间距）。

要求：掷盘结合步法，隐蔽迅速，接盘判断准确，稳定有效，抢断积极。

三、基本战术

（一）动作要领

1. "二三二"区域防守

最正统的区域防守。两名防盘手（marker）与一名中路中卫（middle middle）组成"杯子"给控盘手施压。在后方，中间安排一名中锋（short deep），两边安排边路中卫（side），最末尾安排一名前锋（deep）。最基本的方法是让防盘手逼中路，但有时也可在边线地带诱阻（trap）。诱阻时，关于站位有两点需要注意：一是，杯子不动，尝试诱阻。二是，诱阻时诱阻一侧的边路中卫进入杯子。运用后一种方法时，由于后方防守体系出现了变化，需要留意一下。杯子之间的防守队员，会有两种情况，一种是边路中卫（side middle）防守中间，中锋（short deep）守卫后方区域（figure4）；另一种是中锋守卫杯子的一侧。第二种情况下，中路中卫（middle middle）和中锋相互配合，左右各守一人（figure5）。尝试诱阻时，中路中卫保护诱阻的一侧，这样可以容易地实现诱阻。

2. "一三三"区域防守

担任防盘的队员一般是固定的。防盘通常是采用逼向方法——逼正手或者逼反手。在防盘者前面另外安排3名队员形成一条线来进行防守。在对方队员接盘成功后，结束后方的防守，进行防盘任务的交接。后方3名队员，对于进入自己防守区域的进攻方队员要进行人盯人紧贴防守，对方离开后有人在自己防守区域内接到盘要迅速转防守为防盘。在这种防守中，必须得有擅长防盘的队员。人盯人防守方法比较容易实现转变，常常在防守转换中使用。

3. 人盯人防守

逼中路：是最正统的防守方式。在防守掷盘者时，防盘者常常逼掷盘者往中间场地出盘。虽然这样做对断下传盘很有帮助，但防盘者有时不知该紧跟接盘者的什么位置，所以最好大声给予提示。

4. 区域进攻

区域进攻是一种极其考验控盘手掷盘水平的战术。同时，站位也至关重要。区域进攻的站位方式有两种，以两位或者三位控盘手为主要阵型。当然，也要根据队员们的个性有所变通。有两位控盘手的情况下，边锋（wing）常常要跑回边线下方（后场）接传盘。如果边锋的掷盘技术不够好，也可以设置三位控盘手。关键是用传中来突破对方的防守，稳扎稳打地推进飞盘。（两位控盘手（handler）、两位突击手（popper）、一位前锋（deep）、三位控盘手（figure13）、三位控盘手（handler）、两位突击手（popper）、两位边锋（wing）。）

5. 得分区进攻

"End zone"（得分区）的提示发出之后，接盘队员们在得分区内的中间区域站成队列。最先跑动的是站在第一位置的队员（主要是控盘手）。控盘手完成一次接盘后，最里面的队员以得分区最靠前的角落为目标，切入接盘。如果没有得分机会，可以在场地另一侧以同样方法重复一次切入。如此反复，直至得分。最里面的队员可以选择往左还是往右切入，但其跑动方向会被防盘者阻断。尽管跑动方向已被阻断，还是要奋力摆脱，与对手拉开距离。这时，盘第一次传不过来不碍事，重要的是，按照既定的阵型强行切入接盘。从对手上半身出盘，用短传配合推进。成功突破的要诀是快、猛。

（二）学练方法

（1）教师示范讲解战术路线及跑位要求。

要求：认真观察每个位置的变化，理解战术的意图及使用时机和方法。

（2）徒手走位练习。

要求：了解走位路线，明确每个位置的跑位意图。

（3）持盘走位练习。

要求：熟悉走位路线，相互配合默契。

（4）持盘跑位练习。

要求：路线正确，掷盘、接盘准确到位，跑动积极。

（5）消极防守的战术练习。

要求：防守队员配合进攻队员演练战术，提高进攻时各环节的流畅。

（6）积极防守的战术练习。

要求：积极练习，攻守转换快速。

拓展阅读

　　大多数极限飞盘比赛是在草坪或者草皮上进行的，正式比赛场地为长方形，长64米，宽37米（图13-25）。得分区分别位于场地两端，深18米（或23米）。也可以采用100米×37米，得分区23米的比赛场地，如图13-25所示。学校开展极限飞盘运动可以采用篮球场28米×15米，得分区设于界外6米的五人制比赛场地，也可以使用足球场横向绘制：54米×20米，得分区设于界内6米的比赛场地。

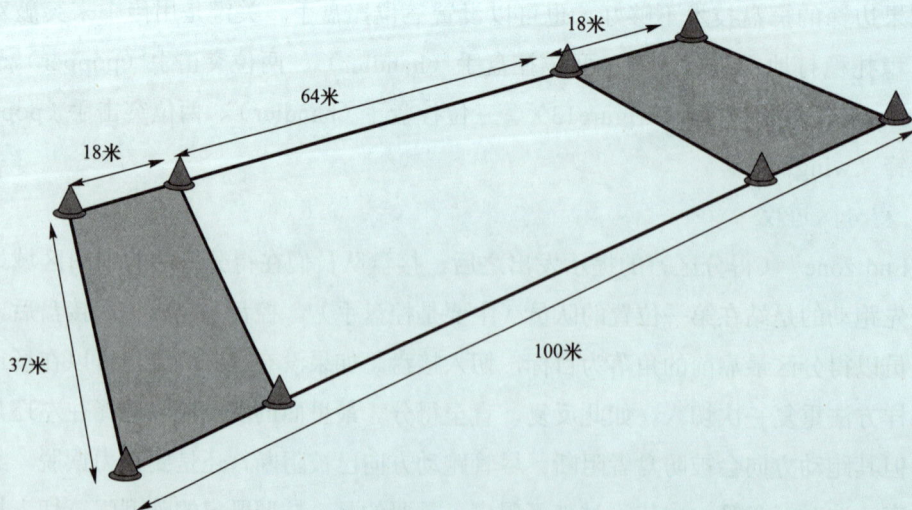

图13-25　极限飞盘地赛场地

知识窗：

极限飞盘的国际标准重量为 175 克，直径大约 27 厘米，更利于远距离飞行。飞盘的质地一般采用上等的 PE 料作为主料。学校开展极限飞盘运动可以采用材质较软的 PU 飞盘，重量为 105 克。

第三节　啦啦操

啦啦操（Cheerleading），又称啦啦队，其中 Cheer 有振奋精神、提高士气的意思。啦啦操是指在音乐的伴奏下，通过队员徒手或手持道具集体完成复杂高难的基本手位与舞蹈动作，以及该项目特有难度、过渡配合等动作内容，为比赛加油助威、调节紧张气氛、提高比赛观赏性，旨在集中体现团队意识与集体主义精神，折射青春活力、朝气蓬勃的精神面貌，并追求高团队荣誉感的一项具有竞技性、观赏性、表演性等独特魅力的体育运动。

一、啦拉操运动概述

（一）啦啦操运动的起源与发展

美国是现代啦啦操表演的发源地，至今有 180 多年的历史。最初是为美国球赛呐喊助威的活动，经过多年发展和完善，现在成为世界范围内的一项体育运动。

国际啦啦操联盟于 2001 年举行了第一届世界啦啦操锦标赛后，啦啦操运动正式晋升为世界性经济项目，人们也开始建议将其列入奥运会的比赛项目。

知识窗：

2016 年 12 月 6 日啦啦操运动项目被国际奥委会接受为奥运临时项目。

20 世纪 90 年代，啦啦操运动传入我国，最早出现在篮球赛场上，成为篮球场上一道独特的风景线。2001 年，在广州成功举办了首届全国大学生啦啦操大赛，这届大赛也让全国亿万青少年领略了啦啦操运动的无穷魅力。2005 年 11 月，在我国香港举办的技巧全国冠军赛上，啦啦操被列为正式比赛项目。2006年首届中国全明星啦啦操锦标赛在武汉举行，胜出的6支队伍代表中国出征2007年美国奥兰多IASF世界啦啦操大赛。此后，每年我国都会选派啦啦队参赛，均获得较好的成绩。2009年，国家体育总局正式批准开展全国啦啦操联赛官方赛事。此后，这项赛事发展迅速，分站赛遍及全国20多个大中城市，有超过200所国内高校和2 000多所中小学和会俱乐部的热情参与。2013年4月25—30日，第7届世界啦啦队锦标赛在美国奥兰多盛大开幕。西华大学代表中国队参赛，并最终从全球147个参赛国家中脱颖而出，成功进入总决赛，最后取得世界国际公开组舞蹈啦啦队花球组第五名的好成绩，这是我国啦啦队一个历史性的跨越。此外，在中国学生健美操艺术体操协议的积极组织和倡导下，我国成功举办过16届大型的啦啦操大赛事，啦啦操的魅力在我国已初露锋芒，得到了青少年的青睐。

根据当今世界和我国啦啦操运动的发展状况与未来的发展趋势，按照展示场所来划分，啦啦操运动可分为场地啦啦操和看台啦啦操；根据动作技术的类别，场地啦啦操可分为技巧啦啦操、舞蹈啦啦操和赛间表演啦啦操；根据队员是否手持道具，看台啦啦操分为徒手看台啦啦操和道具看台啦啦操。啦啦操运动分类，如图13-26所示。

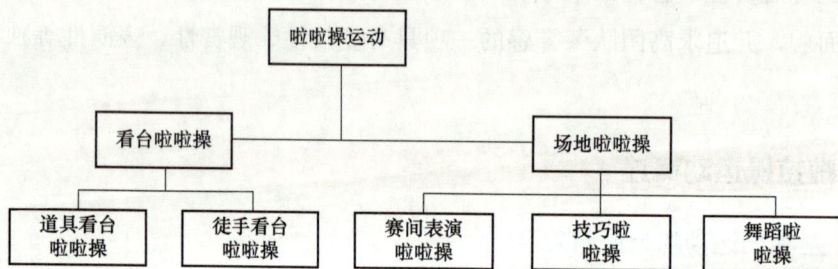

图13-26 啦啦操运动分类

（二）啦啦操运动的价值

1. 健身价值

啦啦操是一项全面锻炼身体的有氧运动。它的基本动作由爵士操等体操和摇滚舞等舞蹈动作组成。运动动作简繁结合、丰富多彩、变化有序。单、双脚跳跃及各种站、立、坐等动作均是在节奏型强的音乐伴奏下进行的。在使人体各关节得到合适的活动中，增强各关节的灵活性和柔韧性，提高人体头、颈、腰、髋、四肢和胸、腹等各部分的技能，对增强心血管、呼吸、消化等系统的功能都具有独特作用。同时，其节奏感强、悦耳动听的音乐对人的神经系统具有和谐的刺激和适当的调节、改善作用。所以啦啦操运动能在充分体现人的形体美、力量和造型美，给人以美的享受的同时又能愉悦身心、陶冶情操，达到全面强身健体的目的。

2. 教育价值

啦啦操运动是以集体形式展开活动的。国际全明星啦啦队协会（IASCA）规定，啦啦队的参赛人数为 6～30 人，性别不限。人数达到一定的要求，可以完成更多的队形变化及空间转化，编排更多层次的动作，完成更多具有复杂技巧和创造性的动作。在做啦啦操动作时，队员需要相互配合、鼓励、信任、理解，才能完成训练和表演。

啦啦操运动充分体现了一种朝气蓬勃、健康向上的精神。啦啦队队员展示出青春的形象、健康的体魄和健美的体型，具有当代青少年的青春美和健康美。

啦啦操运动以其强大的感染力和吸引力受到当代青少年的青睐，在校园文化健身、提高学生身体素质、培养健全人格及团结协作精神等方面都有着重要的作用。有益于综合素质与能力的提高。

（三）啦啦操运动的比赛规则

1. 成套编排

（1）舞蹈啦啦操：动作必须根据音乐来设计，具有舞蹈啦啦操的项目特征。运用各种啦啦操基本手位、步伐、跳跃，并结合多种舞蹈元素、道具、口号等，通过多种空间方向与队形、节奏的变化展示出舞蹈啦啦操运动的项目特征和风采。

（2）技巧啦啦操：动作必须根据音乐来设计，具有舞蹈啦啦操的项目特征，成套动作中必须包含技巧啦啦操 4 类难度动作，每类最少出现一次。运用各种啦啦操基本动作结合其他舞蹈元素、道具、口号等，利用多种空间转换、方向与队形变化展示出高超的啦啦操运动的团队技能和项目特征。

2. 完成情况

在成套动作中，所有动作都应正确完美的完成，包括正确的身体姿态与手位、技术技巧、难度动作、道具运用，动作清晰、动作力度、一致性、表现力、音乐合拍等内容。

3. 难度动作

（1）舞蹈啦啦操：在舞蹈啦啦操成套动作中，难度分为 3 类：平衡转体类、跳跃类和踢腿类。

（2）技巧啦啦操：在技巧啦啦操成套动作中，难度分为 4 类：翻腾类、托举类、金字塔类和抛接类。

4. 评分内容（总分 100 分）

（1）成套编排（50 分）：评分内容由 6 部分组成，成套编排包括动作设计、主题与技术风格、过渡与连接、音乐运用、表演与包装、特定动作，见表 13-1。

表 13-1 评分表标准

等级	分值 / 分
非常好	8 ～ 10
好	6 ～ 7
满意	4 ～ 5
差	2 ～ 3
不可接受	0 ～ 1

（2）完成情况（50 分）：未达到标准完成，则按表 13-2 中标准根据实际完成情况减分。

表 13-2 舞蹈啦啦操完成情况减分标准

错误程度	错误描述	减分标准
微错误	微小的错误，与正确完成之间的轻微偏离	每次减 0.2 分
小错误	与正确完成之间清晰明显的错误	每次减 0.3 分
中错误	明显偏离正确的完成动作	每次减 0.4 分
大错误	明显偏离的严重错误	每次减 0.5 分
失误	身体因缺乏控制而产生非控制性掉下，以及非正常触及地面	每次减 2 分
难度动作	每个难度动作失败	最多减 1 分
音乐节拍错误	动作与音乐节拍失去联系	每次减 0.3 分
一致性错误	出现一致性错误	每次减 0.3 分
动作中断	停顿 8 拍动作以内	每次减 1 分
	停顿 8 拍动作以上	每次减 2 分
道具掉地	道具掉地后迅速捡起继续做动作	每次减 1 分
	道具掉地后不捡起继续做动作判为失去道具	减 2 分

5. 评分方法

得分计算：

艺术分计算：将 3 名裁判员的评分相加除以 3 的平均分为艺术分。

完成分计算：将 3 名裁判员的评分相加除以 3 的平均分为完成分。

难度分计算：一致同意的难度分为最后得分，若意见分歧则取平均分；一致同意的难度减分分数为最后难度减分，若意见分歧则取平均分。

总分计算：艺术分、完成分、难度分相加为总分。

知识窗：

　　技巧啦啦操里的金字塔未连接，每名裁判员扣分。在规定动作里，不能改变原动作和原难度动作。

二、基本动作

啦啦操基本动作包括基本手型、基本手位和常用下肢动作。

（一）常用基本手型（图 13-27）

1. 掌型

动作方法：五指伸直并拢。

2. 拳型

动作方法：握拳，拇指在外。

3. 五指张开型

动作方法：五指用力伸张开。

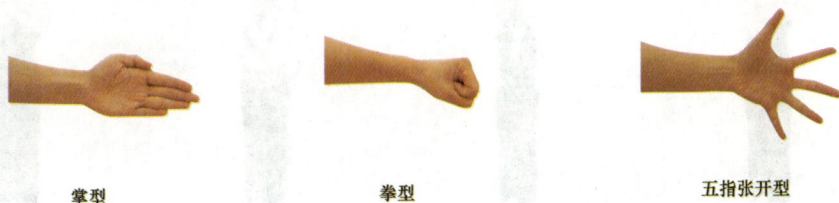

| 掌型 | 拳型 | 五指张开型 |

图 13-27 啦啦操常用基本手型

（二）32 个基本手位（图 13-28）

啦啦操的手臂动作有着特殊的规定与要求，运动员必须按照规定的 32 个基本手位进行动作，要求所有基本手位动作都锁肩并制动与提前。

项目	动作图片与动作名称			
动作图片				
名称	1 上 M（up M）	2 下 M（hands on hip）	3W（muscle man）	4 高 V（high V）

图 13-28 啦啦操 32 个基本手位

项目	动作图片与动作名称			
动作图片				
名称	5 倒 V（low V）	6 T（T）	7 斜线（diagonal）	8 短 T（half T）
动作图片				
名称	9 前 X（front X）	10 高 X（high X）	11 低 X（low X）	12 屈臂 X（bend X）
动作图片				
名称	13 X（X）	14 上 A（up A）	15 下 A（down A）	16 加油（applauding）
动作图片				
名称	17 上 H（touch own）	18 下 H（low touch down）	19 小 H（little H）	20 L（L）

图 13-28　啦啦操 32 个基本手位（续）

项目	动作图片与动作名称			
动作图片				
名称	21 倒 L（low L）	22 K（K）	23 侧 K（side K）	24 R（7R）
动作图片				
名称	25 弓箭（bow and arrow）	26 小弓箭（bow）	27 短剑（half dagger）	28 高冲拳（high punch）
动作图片				
名称	29 斜下冲拳（low cross punch）	30 斜上冲拳（up cross punch）	31 侧上冲拳（high side punch）	32 侧下冲拳（low side punch）

图 13-28 啦啦操 32 个基本手位（续）

知识窗:

啦啦操手臂动作要处于额状轴前方，目视前方做任意手位动作时可以通过视觉广角看到拳稍。手臂技术要求发力短促、加速、制动定位准确，动作完成干脆利索。

（三）动作要领和学练方法

1. 徒手训练

（1）节奏感。强烈的节奏感是啦啦操运动的一大特征，因此在基本训练初期，节奏感的训练则成为不可缺少的内容。要表现出较好的节奏感，除了进行肌肉控制练习外，还应该着重培养练习者的音乐识别力，在音乐伴奏下使练习者逐步辨识音乐节奏，并在音乐的伴奏下进行动作练习。

（2）身体姿态控制。通常用芭蕾舞的训练方法来培养运动员的躯干与四肢的控制能力。但在训练的同时应该注意芭蕾舞与花球啦啦操的区别，啦啦操上肢动作要求快速发力，快速制动，动作路径为最短路线。

（3）基本手位控制（图 13-29）。

动作要领：两腿与肩同宽开立或并腿直立，收臀、收腹；手臂快速摆动至基本手位，以肩关节为固定点，保持躯干稳定。

图 13-29　基本手位控制

学练方法：反复进行徒手手位练习、反复进行持花球的手位练习、轻器械负重（以手持哑铃练习为例）、橡皮筋辅助等。

（4）手位组合（图 13-30）。

动作要领：两腿开立或并腿直立，与肩同宽，收臀、收腹。1～2拍T位，3～4拍H位，5拍小T位，6拍上V位，7～8拍小H位。所有动作与肩关节为固定点，快速发力制动，保持躯干稳定。

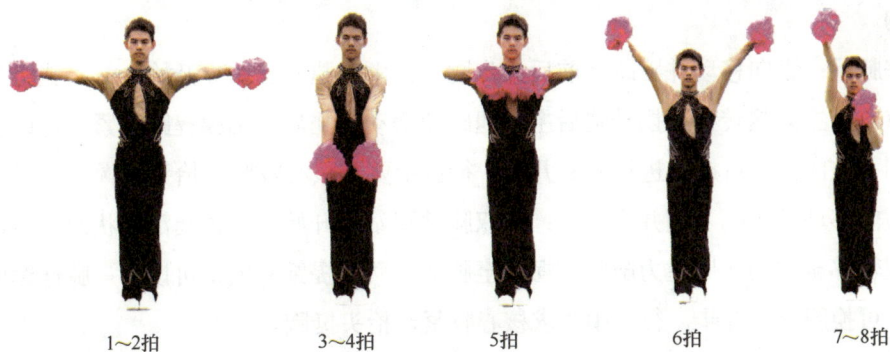

| 1~2拍 | 3~4拍 | 5拍 | 6拍 | 7~8拍 |

图 13-30　手位组合（第一个八拍）

2. 下肢动作训练

花球啦啦操下肢动作要求在移动过程中保持重心稳定，区别健美操下肢动作中的弹动技术，强调动作的稳定平稳。

（1）下肢原地基本动作。

①并腿站：两脚、两腿并拢，收腹、收臀（图 13-31）。

②分腿站：两腿分立与肩同宽，脚尖略微外开，收腹、收臀（图 13-32）。

③弓步站：

弯腿弓步：前腿弯曲，且膝盖弯曲程度不超过脚尖，后退弯曲，膝盖方向向下，重心落于两腿之间，收腹、收臀（图 13-33）。

侧弓步：一侧腿弯曲，膝盖转向同侧约 45°方向，膝盖方向与脚尖方向一致，且弯曲程度不超过脚尖；另一侧腿伸直向体侧延伸，以大脚趾点地（图 13-34）。

④锁步：两腿弯曲交叉站立，前腿膝盖转向同侧约 45°方向，脚尖与膝盖方向一致，后腿膝盖顶于前腿腘窝，脚后跟抬起（图 13-35）。

图 13-31　并腿站　图 13-32　分腿站　图 13-33　弯腿弓步　图 13-34　侧弓步　图 13-35　锁步

（2）下肢移动基本动作。

①走步：走步是最基本的移动步子，由双腿并腿站立开始，两腿依次交替进行向前、向后、向左、向右的走步，在移动中要求重心平稳跟随移动，身体正直，核心部位收紧，

抬头挺胸。

②并腿跳：纵向移动并腿跳（前后并步跳）：由双腿并腿站立开始，一条腿沿矢状面迈出，重心由主力腿转移至摆动腿后主力腿跟随摆动至腿后，两腿提踵并紧，可以由一腿连续向同一方向做，可换腿进行交叉并步。行进中要求核心收紧，抬头挺胸。

③横向移动并步跳（侧并步跳）：由双腿并腿站立开始，一条腿沿额状面迈出，重心由主力腿转移至摆动腿后主力腿跟随摆动至腿侧，两腿提踵并紧，可以由一腿连续向同一方向做，可换腿交叉并步。行进中要求核心收紧，抬头挺胸。

（3）膝关节。

动作要领：半蹲；双腿并拢，膝盖弯曲 90°～135°，膝盖不能超过脚尖，身体微微前倾，双手前平举（图 13-36）。

图 13-36　膝关节

学练方法：重复训练法、内容变换训练法。

（4）原地踏步。

动作要领：大腿抬平，小腿自然下垂，落地时用前脚掌过渡到全脚掌，身体保持固定（图 13-37）。

学练方法：重复训练法、内容变换训练法。

图 13-37　原地踏步

（5）基本步法控制。

①弓步练习（图13-38）。

动作要领：并腿站立，一腿向前迈出，膝关节弯曲，弯曲程度不超过脚尖，身体保持直立，还原时屈膝缓冲，两腿交替进行。

学练方法：重复训练法、内容变换训练法。

图13-38　弓步练习

②锁步（图13-39）。

动作要领：并腿站立，一腿向侧迈出，膝关节转向同侧约45°方向弯曲站立，膝盖与脚尖方向一致且弯曲程度不超过脚尖；另外一条腿弯曲于前后腿，其膝盖要求顶在前腿腘窝内，后脚跟抬起。在动作过程中身体保持直立，还原时屈膝缓冲，两腿交替进行。

学练方法：重复训练法、内容变换训练法。

图13-39　锁步（第一个八拍）

③步法组合（图13-40）。

动作要领：并腿站立起始，将基本步伐与踏步结合练习，如踏步4拍接4拍弯腿弓步，接4拍锁步，接2拍侧弓步，接4拍锁步，接4拍踏步，最后4拍做蹲起。在动作过程中身体保持直立，还原时屈膝缓冲，两腿交替进行。

学练方法：分解训练法、完整训练法、重复训练法、内容变换训练法。

图 13-40　步伐组合（第一个八拍）

知识窗：

在身体控制精确的基础上，降低身体重心，要求步伐移动速度快，任何步伐动作不能与地面发生反作用力，跳跃难度动作除外。

第四节　花样跳绳

近年来，花样跳绳作为一项新兴的运动项目开始被人们所认识，其摒弃了传统跳绳的枯燥无味，加入了许多新兴的元素，是一项非常有观赏性的运动项目。同时又具有竞技性，受到各年龄层次的人喜欢并乐意参与的项目。

一、花样跳绳运动概述

花样跳绳是一项全身参与的运动项目，能有效训练个人的反应能力和耐力素质，有助于提高和保持身体姿态和协调性，从而达到强身健体的目的。跳绳运动的装备简单，只需一根绳、轻便衣服及运动鞋便可。此外，跳绳所需的场地局限性小，且参与人数不限，花样跳绳分为个人花样、车轮跳、交互绳、网绳，可单独一人或多人进行。除花样跳绳外，也可按一定距离，边摇绳边跑向终点，比赛速度等。跳绳每小时消耗体内热量 800～1000

卡路里，并且使人心律维持在与慢跑大致相同的水平。跳绳是一项简单易学，参与性、娱乐性较大的运动。

（一）花样跳绳运动的起源和发展

跳绳运动起源于中国，已有数千年的历史，唐宋明清都有记载。唐朝称跳绳为"透索"、宋朝称"跳索"、明朝称"白索"、清朝称"绳飞"，新中国成立以后才称"跳绳"。

跳绳是具有悠久历史的汉族民俗娱乐活动，自南宋以来，每逢佳节都跳绳，称为"跳白索"，原属于庭院游戏类，后发展成民间竞技运动。跳绳是一种在环摆的绳索中做各种跳跃动作的体育游戏。清朝人潘荣陆《帝京岁时纪胜》记录清代北京元宵节民间娱乐活动时，称跳绳为"跳白索"。《松风阁诗抄》有诗记载："白光如轮舞索童，一童舞索一童唱，一童跳入光轮中。"这种加伴唱的跳绳游戏，娱乐性很强。跳绳有单脚跳、单脚换跳、双脚并跳、双脚空中前后与左右分跳等多种方法。跳时，摆绳与踏跃动作要合拍，可一摇一跳，也可一摇两跳乃至一摇三跳。摇绳的方向可前可后。用长绳可两人同时摇动、集体轮流跳或同时跳。跳跃时还可按不同情况编排各种动作花样，也可用节奏与旋律适宜的歌谣伴唱。除花样跳绳外，也可按一定距离，边摇绳边跑向终点，比赛速度。

拓展阅读

西安花样跳绳队应邀出访多国和地区，在国内外举办了700多期跳绳培训班，培养了130 000名跳绳爱好者。在西安跳绳人的共同努力下，陕西省民运会、农运会、工运会以及全国农民运动会已把花样跳绳列入正式比赛项目。当前，花样跳绳已成为西安市第四批非物质文化遗产项目。

（二）花样跳绳运动的价值

1. 健身价值

（1）花样跳绳是一项非常有效的有氧运动。每半小时跳绳能消耗热量400卡路里左右，机体所有与呼吸相关的肌肉都需要参与运动，能够促进呼吸系统肌肉力量的增强，所以有助于增强学生心血管系统、呼吸系统的功能。

（2）花样跳绳时需要在大脑的指挥下实现上肢和下肢的协调运动。所以有助于提升学生的神经系统功能，促进机体协调性的锻炼与发展。

（3）花样跳绳运动是一项全身性的运动，不但能提高学生机体的有氧代谢能力，增加肌肉力量，促进青少年骨骼的生长发育，而且还有助于提高学生的力量素质、速度素质、耐力素质以及柔韧素质和灵敏素质等综合素质。

2. 教育价值

花样跳绳有助于增强学生的自信心、挑战自我，培养学生良好的社会道德与合作精神，培养优良的个人品行，提高社会的适应能力。

知识窗：

2018年世界跳绳锦标赛于7月24日至8月2日在上海财经大学举行，比赛分为国际公开赛、世界青年锦标赛和世界锦标赛3个模块，来自世界20多个国家和地区的700多名顶尖运动员参加。本届世锦赛是我国外交部备案、体育总局外联司确认的国际A类赛事，自该赛事办赛以来首次在中国内地举办。作为中国代表团主力的广州花都代表队在赛场上顽强拼搏，捷报频传，一举拿下10个项目的冠军。

（三）花样跳绳运动的比赛规则

1. 个人赛场地

4米×4米（计数）、9米×9米（花样跳绳）。团体赛场地：5米×5米（计数）、12米×12米（花样跳绳、表演赛）。其四周至少有3米宽的无障碍区。比赛区上空的无障碍空间：从地面起至少高4米，其间不得有任何障碍物。

2. 比赛用绳须经组委会审定

绳的长短、粗细、结构和重量不限，应有与服装和地板明显反差的颜色，不得使用金属材料制作的绳具（手柄除外）。手柄的长短、粗细、颜色、形状、结构、材料和重量不限，也可使用不带手柄的绳具。

3. 比赛项目

（1）计时、计数比赛。

个人赛：

① 30秒速度单摇跳。

② 30秒间隔交叉单摇跳。

③ 30秒速度双摇跳。

④ 3分钟速度耐力单摇跳。

⑤ 连续三摇跳。

团体赛：

① 30秒混双单摇跳。

② 4×30秒单摇跳（接力）。

③ 4×30秒双摇跳（接力）。

④ 4×45 秒双绳交互摇速度单摇跳（接力）。

⑤ 10 ～ 12 人长绳"8"字跳（3分钟）。

（2）花样比赛。

个人赛：花样跳绳（45 ～ 75 秒）。

团体赛：

① 两人花样跳绳（45 ～ 75 秒，每人一绳）。

② 4 人花样跳绳（45 ～ 75 秒，每人一绳）。

③ 双绳交互摇 3 人跳绳（45 ～ 75 秒）。

④ 双绳交互摇 4 人跳绳（45 ～ 75 秒）。

（3）表演赛（3 ～ 6 分钟）。

4. 比赛方法

（1）比赛开始与结束均以口令或鸣哨为信号。裁判员发出"选手准备"指令后，所有参赛运动员就位；发出指令"预备"后，所有参赛运动员做好跳绳准备，单绳项目的选手双手持绳于身后，双绳、长绳"8"字跳项目的选手持绳站好。

（2）单摇跳：运动员跳起一次，双手摇绳，绳跃过头顶通过脚下绕身体一周（360°）称为单摇跳，记次数 1 次，在规定时间内累积进行。

（3）双摇跳：运动员跳起一次，双手摇绳，绳跃过头顶通过脚下绕过身体两周（720°）称作双摇跳，记次数次 1，在规定时间内累积进行。

（4）三摇跳：运动员跳起一次，双手摇绳，绳跃过头顶通过脚下绕过身体三周（1 080°）称为三摇跳，记次数 1 次，在规定时间内累积进行。

（5）间隔交叉单摇跳：运动员单摇跳起一次，然后双手体前交叉摇绳（两臂交叉时跳过绳即可开始），绳跃过头顶通过脚下绕身体一周（360°）再跳起一次，依次一摇一变化交叉跳称为间隔交叉单摇跳，记次数 1 次，在规定时间内累积进行。

（6）混双单摇跳：男女各一名运动员（1 名运动员持绳并摇绳）同时跳起 1 次，绳跃过两人头顶通过脚下绕身体一周（360°），计次数 1 次，在规定时间内累积进行。

（7）接力赛：4×30 秒单摇跳、4×30 秒双摇跳、4×45 秒双绳交互摇速度单摇跳，须以 30 秒或 45 秒口令为信号进行接力跳。

（8）长绳"8"字跳：两名运动员（男女不限）持绳站好，间距不小于 3.6 米。在口令或鸣哨后将绳同方向 360° 摇起，运动员无论采用何种方式须依次以"8"字路线跑入绳中跳跃、长绳过双脚一次、再跑出长绳，则计次数 1 次，在规定时间内累积进行。

（9）花样跳：个人或 2、4 人自行编排动作及套路在规定时间内进行跳绳比赛。

（10）双绳交互摇 3 人跳绳和双绳交互摇 4 人跳绳：在 45 ～ 75 秒内 3 或 4 人按自行

第十三章　新兴运动

所编动作及套路轮流进行跳绳比赛。

（11）表演赛：由4～14名运动员以配乐进行表演，表演内容为自编花样或规定动作。

5. 比赛成绩判定办法

计数比赛中，比赛成绩按完成的有效次数决定，次数多者名次列前；如次数相等，以失误少者名次列前；如仍相等，并涉及第一名，则令次数相等的运动员加赛一场；若再相等，抽签决定名次。

二、花样跳绳的动作要领和学练方法

花样跳绳以其独特的魅力吸引着成千上万的跳绳爱好者，无论是一些高难度的花样动作，还是一些简单的花样动作，都离不开最基本最基础的动作，也就是人们所说的基本功。

（一）跳绳基本功

简单跳绳法：

动作要领：双脚并拢，进行弹跳练习2～3分钟弹跳高度为5～8厘米，手腕做弧形摆动。

练习要求：跳跃时应注意用力摆动双臂，身体保持平衡，节奏一致。

（二）双脚交互单摇跳（图13-41）

练习跳绳者速度与协调性和控绳能力的基本功训练。

图 13-41　双脚交互单摇跳

1. 动作要领

双手握住绳把，目视前方2米处，上体正直或稍含胸曲体，双脚脚尖朝前或稍微内扣轮换交替着地。脚着地时是前脚掌着地。脚的腾空高度约为10厘米，双脚交替向前上方或上方跃起，腰腹用力，带动大腿，踝关节放松，脚落地时有轻微的趴地动作，手臂大臂紧贴体侧，小臂与身体平面约有30°夹角，与以肘关节平行地面线约30°夹角，跳时小臂始终保持开始时的状态，用手腕发力摆动绳子做回旋运动。

2. 练习要求

选用粗细均匀、长短合适的绳子。双手握住绳把，脚踩住绳的中点，然后小臂在胸前能够平屈为宜。

224

3. 练习方法

（1）计数跳。

（2）计时跳。

（3）规定次数跳。

（三）蹲下跳（图13-42）

蹲下跳主要练习下肢力量的专门性练习。

图 13-42 蹲下跳

1. 动作要领

双手握住绳把，目视前方 2 米处，上体正直。双脚脚尖朝前，双脚着地时是前脚掌着地，脚后跟离地，腾空高度为 10 ～ 15 厘米，向上方跃起，腰腹用力，带动大腿，踝关节放松，跳起一次过绳一次。双臂在体侧侧平举，用手腕发力摆动绳子做回旋运动。可进行单摇跳、双摇跳、挽花跳和旋转跳。

2. 练习要求

脚尖绷直，腰腹同时发力，落地前脚掌着地。

3. 练习方法

（1）计数跳。

（2）计时跳。

（四）前后打（图13-43）

练习协调性、控绳能力和跳绳姿态的专门性练习。可用于行进间的动作串连及花样动作的串连，是绳舞、绳操、花样跳的一项重要基本功。

图 13-43 前后打

1. 动作要领

抬头挺胸目视前方，双脚并立，双手握绳把，由体侧起绳，双手由体侧画弧至体前，双手翻腕，拳心由下朝上，右手画弧回到起始位置，左手在体侧右前方处，绳由体侧前点画弧打至体侧后点，完成一次前后打动作。

2. 练习要求

绳的前落点与后落点始终打在前、侧后两点上。

（五）绕旋跳（图 13-44）

图 13-44　绕旋跳

1. 动作要领

两人跳绳练习：一人叉开两腿蹲下，甩动绳子使跳绳在地上画弧线，另一人则不断地从甩动的绳子上跳过。速度由慢逐渐加快，两人交替。

2. 练习要求

练习由慢至快，相互配合。

（六）侧脚跳（图 13-45）

1. 动作要领

从单摇跳开始，然后用双手手腕挥动跳绳，右脚跳绳，不着地的左脚则斜向一侧，跳10～15次。换另一只脚跳 10～15 次。

图 13-45　侧脚跳

2. 练习要求

练习时，应注意脚不要抬得过高、过慢，否则容易被绳子绊住。

（七）侧打抡绳（图 13-46）

花样跳绳中最重要的基本功，动作可以脚过绳也可以脚不过绳，主要练习控绳能力和抡绳的速度。

图 13-46 侧打抡绳

1. 动作要领

两脚并立或前后开立，绳由体后经头顶抡至体前，左手体侧画弧至身体右侧，右手由体侧画弧至身体右侧前方，双手交叉小臂手腕相叠左手在上，抡绳一次后绳在体侧画一圆弧，右手在上左手在下，双手交叉在身体右侧同第一次交叉然后双手交叉在体前抡绳由左侧经体前胸腹部至身体左侧，右手由上交换至下，一次完整动作完成。

2. 练习要求

上下肢协调配合，左右手交叉快。

（八）侧身斜跳（图 13-47）

侧身斜跳动作能训练人的耐久力，增强人的外展肌和内收肌。

图 13-47 侧身斜跳

1. 动作要领

两人一前一后站在跳绳的左右两侧，先侧身单脚跃绳向前跳，然后斜身跳回原位。跳 1 分钟之后休息 20 秒，重复练习 2～3 次。

2. 练习要求

跳跃时应注意用力摆动双臂，保持身体平衡。

（九）单脚屈膝跳（图 13-48）

图 13-48 单脚屈膝跳

1. 动作要领

右腿屈膝，向前抬起。踮起脚尖，单脚跳 10 ～ 15 次，换左腿重复上述动作。

2. 练习要求

脚不要抬得过高、过慢，尽量保持身体平衡。

（十）开合分腿跳（图 13-49）

图 13-49 开合分腿跳

1. 动作要领

从单摇跳开始，跳跃时双脚叉开，着地时双脚并拢，重复练习 10 ～ 15 次。

2. 练习要求

练习时，保持节奏、身体平衡，注意绳子绊倒。

（十一）双臂交叉跳（编花跳）（图 13-50）

图 13-50 双臂交叉跳（编花跳）

1. 动作要领

双臂交叉跳绳，当绳子在空中时，交叉双臂，当跳过交叉的绳子后，双臂反向恢复原状。

2. 练习要求

保持节奏和身体平衡，双臂交叉要快。

（十二）双人跳绳（图 13-51）

图 13-51 双人跳绳

1. 动作要领

并排站立的姿势，每人用外侧的一只手握住绳把。两人同时用双脚跳绳，然后练习同时用单脚跳绳。

2. 练习要求

跳时小臂始终保持开始时的状态，用手腕发力摆动绳子做回旋运动。

（十三）双摇跳

跃起一次绳从脚下通过绕过身体两周。双摇跳主要练习跳绳者弹跳力、耐力、爆发力和控绳能力的基本功训练。

1. 动作要领

双手握住绳把，目视前方 2 米处，上体正直或稍含胸曲体双脚脚尖朝前并并住。双脚着地时是前脚掌着地，腾空高度为 10 ～ 15 厘米，向上方跃起，腰腹用力，带动大腿，双膝可伸直或微曲，踝关节放松，手臂大臂紧贴体侧，小臂与身体平面约有 30° 夹角，与以肘关节平行地面线约 30° 夹角，跳时小臂始终保持开始时的状态，用手腕发力摆动绳子做回旋运动。

2. 练习要求

采用粗细均匀、长短合适的绳子。双手握住绳把，脚踩住绳的中点，然后小臂在胸前能够平举。

3. 练习方法

（1）计数跳。

（2）计时跳。

（3）规定次数跳。

（十四）一根长绳五种练习

1. 单人单绳穿越

练习方法：以传统的跳绳方式开始，全体学生跑跳练习，其有两种方式：一种是绕圈跑跳，一种是"∞"字形跑跳练习。两种方式各进行两次，一次进行 3 分钟计时跳，看看 3 分钟内能完成多少个，还可以看看能不间断跳多少个。

2. 穿越的限制性练习

练习方法："穿越"也称为"跑绳"就是人站在绳子的正面，正对绳子，在绳子由最高点向最低点的过程中人跟着绳子后面向反面跑，由绳子的正面跑到反面，只跑不跳。单人一个接一个穿越，要求最好是不间断穿越；或者两组间的对比；还可五组同时进行，成五路纵队正对绳子，听到口令进行逐个穿越。

3. 反跨越练习

练习方法：站在绳的反面通过助跑跨越到绳的正面。过程是在绳子由最低点向最高点走时跟随绳子进入绳子的中间位置，跨越由高点向低点运行的绳子，到绳子的正面位置。可自由练习，也可一个接一个的逐个跨越练习。

4. 集体穿越到跨越练习

练习方法：对跨越练习进行不同条件限制。与穿越同，要求在逐个跨越时要一组接一组，中间不能让绳子空转。用不同形式的小组比赛来培养团队协作、互帮互学、共同进步的集体意识和团队意识。

5. 进行系列比赛

练习方法：

（1）速度耐力赛，3 分钟集体跳绳，3 分钟跑跳计数赛。分组穿越比快和分组跨越比快。

（2）进行难度比赛，穿越跨越同时进行。

知识窗：

　　跳绳不仅对减肥效果明显，也可以结实全身肌肉，消除臀部和大腿上的多余脂肪，使人的形体不断健美，并能使动作敏捷、稳定身体的重心。

三、花样跳绳练习的注意事项

（1）跳绳时前脚掌着地，尽量穿得体的运动服和运动鞋。

（2）跳绳的长、短粗细要合适，选择平整的场地进行。

（3）跳绳时重心要落在前脚掌，双膝微屈。上体保持正直，眼看前方。手腕用力，肘部贴近身体。

（4）脚离地时脚趾朝下，小腿、膝关节、髋关节同时用力。

（5）练习时动作要柔和，环腕关节要缓冲。

（6）练习时不刻意向后撩腿，要学会用脚踝的力量，向后屈膝只是顺势为之，而不是主动。

（7）不需要用肩大幅度的挥动跳绳，要学会用小臂以及腕部的力量。

参考文献

[1] 耿培新. 体育与健康教师教学用书 [M]. 北京：人民教育出版社，2004.

[2] 罗希尧. 体育教材教法 [M]. 北京：高等教育出版社，1989.

[3] 吴中量，李安格. 排球 [M]. 北京：高等教育出版社，1997.

[4] 付进学. 冰雪运动 [M]. 北京：知识出版社，1998.

[5] 廖祥龙，李旭强，张怀军. 现代速度滑冰 [M]. 哈尔滨：哈尔滨地图出版社，2006.

[6] 于海燕，李业武. 滑冰十日通 [M]. 北京：京华出版社，2005.

[7] 邱淼. 滑冰 [M]. 北京：高等教育出版社，1987.

[8] 崔燕，洪涛，王清华. 滑雪 [M]. 北京：学苑出版社，1999.

[9] 单兆鉴. 滑雪运动指南 [M]. 北京：人民体育出版社，2004.

[10] 杨鉴. 滑雪技巧图解 [M]. 北京：北京体育大学出版社，2006.

[11] 曹建民，蒙猛. 体育与健康学生自读课本. 游泳、冰雪和新兴体育运动 [M]. 北京：人民教育出版社，2004.

[12] 李春满，曾民. 国际足联执教手册 [M]. 北京：人民体育出版社，2016.

[13] 马鸿韬. 健美操运动教程 [M]. 北京：北京体育大学出版社，2007.

[14] 全国健美操大众锻炼标准第二套锻炼标准.

[15] 马鸿韬. 啦啦操运动 [M]. 北京：高等教育出版社，2009.

[16] 方熙嫦. 健美操 [M]. 福州：福建科学技术出版社，2015.

[17] 文烨. 大学体育 [M]. 北京：高等教育出版社，2016.

[18] 米格尔·克雷斯波，戴维·米勒，王正夫. 国际网球联合会－高级教练员手册 [M]. 北京：人民体育出版社，2000.

[19] 中国网球协会. 网球竞赛规则 [M]. 北京：人民体育出版社. 2016.

[20] 殷剑巍，万建斌，黄珊. 网球裁判法解析 [M]. 北京：人民体育出版社，2015.

[21] 骆积强. 网球 [M]. 福州：福建科学技术出版社，2013.

[22] 罗伯，安东，何柏贤. 网球制胜实用技战术图解 [M]. 北京：人民邮电出版社，2017.

[23] 勒特尔，科瓦奇，孟焕丽，张晶. 网球运动系统训练［M］. 北京：人民邮电出版社，2015.

[24] 李雄辉，王萌，刘红伟. 看图学打网球［M］. 北京：人民邮电出版社，2017.

[25] 李贝贝. 我国部分体育院校体育教育专业羽毛球专项教学现状与对策研究［D］. 广州体育学院，2012.

[26] 向慧. 我国优秀羽毛球运动员后场正手吊球技术的运动学分析［D］. 湖南师范大学，2011.

[27] 戚海兵. 江苏省羽毛球场馆经营现状及消费群体特征的研究［D］. 苏州大学，2013.

[28] 李明川. 浅谈羽毛球击高远球技术及训练方法［J］. 当代体育科技，2012（01）：22-23.

[29] 姜修珍. 世界优秀羽毛球女单冠军技战术特征分析［D］. 辽宁师范大学，2013.

[30] 熊斗斗. 青年女子羽毛球运动员下肢爆发力训练手段的研究［J］. 读与写，2010（11）：157.

[31] 刘小芳. 浅析羽毛球击高远球技术及训练方法［J］. 今日湖北旬刊，2010.

[32] 尹如秋. 浅析乒乓球运动中发球与接发球技术［J］. 体育世界，2010（4）：25.

[33] 苏丕仁. 现代乒乓球运动教学与训练［M］. 人民教育出版社，2003.

[34] 中国乒乓球协会. 乒乓球竞赛规则［M］. 北京：人民教育出版社，2016.

[35] 刘建和. 乒乓球教学与训练［M］. 北京：人民教育出版社，2004.

[36] 汪德华. 谈谈乒乓球的接发球技术［J］. 卷宗，2015（11）：1069-1070.

[37] 严春锦. 对乒乓球运动员来球方向判断影响因素的研究［J］北京体育大学学报，2005.

[38] 田赐福，苏正富，李德孝. 体操［M］. 北京：人民体育出版社，1985.

[39] 李文惠，邝丽等. 艺术体操［M］. 北京：人民体育出版社，1992.

[40] 张绍程，牛乾元，温庆荣. 健美操［M］. 北京：北京体育学院出版社，1993.

[41] 胡凌燕. 中小学体育教材教法与学法指导的应用［M］. 北京：首都师范大学出版社，2015.

[42] 体育学院普修通用教材武术［M］. 北京：人民体育出版社，1996.

[43] 李德印. 太极功夫扇视频教程［EB/OL］. ［2020-02-15］. http://v.gg.com/x/page/x0652j8jd1g.html.

[44] 聂锴. 花样跳绳的体育文化价值研究［EB/OL］. ［2020-02-15］.